席春玲 等／著

岭南职教名家访谈录

LINGNAN ZHIJIAO MINGJIA FANGTANLU

广东高等教育出版社
Guangdong Higher Education Press
·广州·

图书在版编目（CIP）数据

岭南职教名家访谈录／席春玲等著．—广州：广东高等教育出版社，2017.8

ISBN 978－7－5361－6033－0

Ⅰ．①岭…　Ⅱ．①席…　Ⅲ．①职业教育－教育工作者－访问记－广东－现代　Ⅳ．①K825.46

中国版本图书馆CIP数据核字（2017）第226624号

出版发行	广东高等教育出版社 地址：广州市天河区林和西横路 邮编：510500　营销电话：（020）87553735 网址：www.gdgjs.com.cn
印　　刷	广东信源彩色印务有限公司
开　　本	787 mm×1 092 mm　1/16
印　　张	11
字　　数	223千
版　　次	2017年8月第1版
印　　次	2017年8月第1次印刷
定　　价	45.00元

引 言

这是一个关于教育的专业访谈，旨在发掘来自实践者的教育智慧。

专业访谈通过研究者与职教实践者的专业探讨与交流，共同研究和探索职业教育内在的规律。本书所有的访谈对象都是长期潜心职教实践的职教人，他们的真知灼见来自真实的教育教学实践；他们在自己的工作岗位中都有着一定程度的开拓与创新，对岭南职教改革与发展有积极的推动与引领作用。

关于职教名家。职教名家是把职业教育当作终身事业来做、对职业教育充满感情的人，他们会因学生的一句话而落泪，会因教师的一个想法而激动。他们用心倾听师生的心声，他们对行业企业的需求做出积极的回应，他们用心在自己的职业教育领域中耕耘，他们享受职业教育带来的成就感。职教名家是对职教规律有着深刻认识和自我判断的人，他们坚持学习职教政策文件，他们深入研读古今中外职教著作，他们熟悉企业文化，他们身先士卒，开拓创新，他们的实践与创新在岭南职教领域广受认同。

目 录

上篇　职教名家之校长篇

在一所职业院校发展的关键时期，校长的作用怎么强调都不为过。对内，校长是领头雁，学校发展走向是他们时刻思考的问题；校长是红旗手，始终不忘把发展的旗帜高高举起。对外，校长是外交家，为校企合作要与行业企业界人士做朋友；为改善办学条件，要和政府部门打交道；为贷款、要和银行合作。

校长不仅是践行者、开拓者，更是观察者、思考者。本篇展示的四位职教名家，他们脑子里想的都是自己的学校，自己的教师，自己的学生，说起自己的工作来，滔滔不绝，才思泉涌，他们真正实践过，他们认真思考过，他们有很多的睿智之见，他们的思考值得我们细细品读。

岭南高职教育开拓者：俞仲文校长

访谈对象：深圳职业技术学院创始人　俞仲文校长
访谈者：席春玲
时间：2015 年 2 月 5 日
地点：汇景花园太平洋咖啡馆

席春玲：访谈有这么一个大致思路，首先，您方便的话，可以谈一下您的职业生涯，因为前一段工作学习对后面的工作可能会有影响。其次，您在广东实践了这么多年，1992 年以来一直在实践，先是深圳职业技术学院，再到岭南职业技术学院，后来做高职评估也是指导实践。从您个人的职业生涯，到职教实践，接着，请您谈谈对这些职业教育实践的思考。我看您对黄炎培、陶行知的思想也有一些研究，我们职教现在还有一些困惑，您肯定有一些自己的看法，也想请您谈谈。访谈大体就是这么一个思路。

俞仲文：我觉得你这个选题是对的，在全国的职业教育中，我们广东的发声还不够，力度还不够，尽管我们是有资格来发声的，无论规模也好，改革的成果也好，实践也好，都是有资格来发声的。在相当长的一段时间里，广东的职业教育是引领全国的，但我们总结太少，所以你这个选题是对的。说打造南方教育高地，其实包括南方高职的教育高地、中职的教育高地，那是很大一块，这个方面我是个老兵了，我从 1992 年开始搞，现在已经 22 年了。

席春玲：是啊，所以职教研究也是希望从你们的实践智慧上得到一些启发。

一、谈谈我的职业生涯

俞仲文：要讲生涯的话，我们这代人是共和国最跌宕起伏的那一代，我都经历了。我是 1947 年出生的，在上海读了小学、初中、高中，那个时候还是全面发展的要求，我高中入的党，那时候全上海大概不超过十几个吧，那时候我们叫作德智体美全面发展，跳伞、举重、打乒乓球、外语特别好。（同学们）理工科考试完了都跟我对答案的。那个时候（我）有志想去报考北航，志愿都填了，但遇上“文化大革命”，后来就不行了。我那时候是一颗红心一种准备，就是到祖国最需要的地方去，到边疆去、到农村去、到基层去、到祖国最需要的地方去。1968 年 8 月 9 日就挥泪告别了上海，到了北大荒兵团。

到了北大荒，知道了什么叫作艰苦。

俞仲文：这几十年当中，大概有几句话可以概括：我下乡到北大荒，知道了什么叫作艰苦！那确实是艰苦啊。珍宝岛事件的时候，我们在零下 40 ℃站岗。

席春玲：您当时是青年学生去，也要站岗吗？

俞仲文：在北大荒兵团算是半个兵，在乌苏里江打过鱼、扛过木头，什么活都干，盖过房子，甚至杀过猪，种过地，当宣传部报道员，也到西部当宣传干事、理论教育的干事，经历了那些风风雨雨。那个时候屯垦戍边，毛主席讲的一句话，“坚守边疆、保卫边疆”，那是很艰苦。所以习近平总书记都讲了，想想北大荒，那是什么样的苦都经历过。

到了广东，才知道什么叫作开放。

俞仲文：我是 1977 年参加高考，考入牡丹江师范学院，77 级大学生，当时允许我跳级考研究生，1979 年到 1982 年在广州华南师范大学（读研究生），到了广东，我才知道什么叫开放。因为 1979 年、1982 年正好是真理问题讨论，我们广东是排头兵。在广东这样一个氛围当中熏陶，观念受到了很大的改变。

到了深圳，知道了什么叫作创业。

俞仲文：我 1982 年毕业以后，分回上海同济大学，但上海那个时候是比较“左”，1984 年我又来到深圳，所以这第三句话是“到了深圳，我知道了什么叫创业”。我经历了筹建深圳大学的历程，去报到的时候，我是第 61 号种子。1986 年（我）是深圳大学党委副书记兼校办主任。到了深圳，我从参加创建深圳大学，到 1992 年创建深职院（深圳职业技术学院）。什么叫作创业？当时深职院从零开始，经过 15 年 5 个月，我离开学校的时候，它已经拥有将近 3 万学生。

到了日本，才明白什么叫作现代化。

俞仲文：第四句话就是我 1988 年到日本读的早稻田大学，读了一年多，我才明白“什么叫作现代化”。

什么叫作艰苦，什么叫作开放，什么叫作创业，什么叫作现代化。有非常大的感受。这就是我的一个基本经历。

当然，在同济大学的时候给我打下了很好的基础，那就是学了第三外语——德语。我第一外语是俄语，当时我跟颜泽贤①他们都翻译过书。第二外语是日语。在同济大学短短不到两年时间，同济给我灌输的是那种务实（精神），特别是在那里我发表过一篇文章，是讲韩国的职业教育，所以从那个时候开始阴差阳错地搞起职业教育了，（而）这个我是不知道的，到了1992年，深大调整班子，把我调出来了，就筹建了深职院，当时就我一个人。

二、深圳职业技术学院的成功经验

学校定位是比较准确的。

俞仲文：15年啊，我还是很有体会，（深职院）现在来看还是成功了。我觉得它成功有几条：一个就是学校定位是比较准确的，认为职业教育始终围绕着生产建设管理服务一线培养技术人才和管理人才，当时它就是这么定位的。这个我觉得非常重要，它的定位来源于对职业教育的深刻理解。当时我们经过研究，是我首先提出来的，职业教育是直接的生产力的教育，是直接生产，不是间接生产。

我们培养的是灰领，是大学水平的能工巧匠。

俞仲文：当时提出我们培养的不是一般的蓝领，又不是白领，那是什么呢？当时我提出是“灰领”，“灰领”一词就是这么提出来的。“灰领”是具有一定的专业水平的，又有很强动手能力的能工巧匠型的大学生，或者叫作大学水平的能工巧匠，这个定位非常重要。定位好了，它的培养目标、规格就定得很准了。我们培养的是灰领，是大学水平的能工巧匠，这是第二条。

一建校就与企业建立了密切联系。

俞仲文：第三条就是跟企业建立了非常密切的关系，从一开始就认为职业教育一头是教育，一头是技术和职业，我们第一批专业就是跟企业一起合作建立了专业管理委员会，当时是20多年前，也就是1992年、1993年，这个在全国非常领先的，这个东西现在不稀奇了，但是起点、原点在我们那里。

我记得几百位行业企业的专家集中到深职院，我们提出专业管理委员会主任不能让我们（教师）当，应该由企业行业（人员）当。所以当时印刷

① 颜泽贤，原华南师范大学校长，与俞仲文教授曾是研究生同学。

专业管理委员会的主任是印刷行业协会的主任，后来是海德堡的一个亚洲总裁当主任。（学院）诞生就是深入骨髓地为企业服务，跟企业融为一体，现在叫校企合作、工学结合了，当时还没这个提法，我们叫打断骨头连着筋，就是跟企业融为一体。

席春玲：对，血液里面就是校企合作。

建立一支全新的教师队伍。

俞仲文：第四条就是我们非常注重教师队伍的建设，是全新的一种教师队伍。我们会看他的学历，但是我们非常重视他在企业的经历，所以我们开头引进了一批教师，用今天大学的评价标准来说，他们什么也不是，但是他们有才能。比如说，我们动画学院的院长，当时进来只是大学学历，也没有什么职称，我们让他当这个院长。为什么呢？他在动画公司干了很多年。教师队伍的建设一开始我们就提出了“教授手上要有油”。

席春玲：这个很形象。

俞仲文：很形象！而且提出了教授的基本功是要对自己专业所涉及的行业产业、当地的行业产业要如数家珍，要非常熟悉，要知道它的增长点，知道它的现状，知道它的发展趋势，该如何进行服务。

完全改革了以学科为本的教学方案设计。

俞仲文：第五条是完全改革了以学科为本的教学方案设计。当时我们提出了不以学科内部的逻辑体系作为我们设置课程的依据。什么叫作学科体系呢？就是有基础课、有专业课，我们打破这个。我们的逻辑起点在哪里？在岗位和岗位职业需求。他们的需求就是我们的课程设置起点。我们就是公共课、专业理论课、技能训练课，按照2∶4∶4的比例。还提出三明治式的教学做合一，这个都是杜威提出来的，手口脑并用，我们的教学是三明治式的教学课堂，这些在当时都鲜明地提出来了。学生可以做一做、学一学、教一教，再做一做，我们的实习基地和教学都是融合在一起的。今天来看不稀奇，但当初正是这样一种思路引领着全国职业教育的发展，这是我讲的第五条。

我们率先提出了实践教学。

俞仲文：第六条是怎样进行实践教学？怎么做啊？我们参照了香港理工大学，那个时候是香港理工学院工业中心，主任叫黄河清，我们去的时候他的工业中心16 000平方米，号称是世界第一，我们第一次是跟他们学的。但是我后来把实践教学基地干到了12万平方米，他再来一看：啊，你12万，我1.6万，你是No.1，我是No.2了。这个实践教学基地怎么建？怎么管？

怎么用？这个我们得了第二次国家高等教育教学成果一等奖，第一次是2000年。什么是高职？高职的基本特征是什么？在中国国情下怎么办高职？有哪些特点？这些我们都提出了。第二个就是实践教学基地怎么建？怎么用？怎么管？我们提出了几个非常重要的概念，一个就是和企业一起来建，按照企业的生产流程、业务操作的实务规则，按照准工厂的氛围把它建立起来。当时我们提出了工业技能训练，包括两个意思：一个是工业技能训练、技术训练，另一个是工业文明素质训练，也就是人的素养的训练。当时提出了实践教学基地8小时工作制，打卡上班，我们那个时候就提出来了。

每年举办一次金点子大赛。

俞仲文：第七个方面，也是我引以为自豪的，就是每年举办一次金点子大赛，就是让同学们的技术发明、改良、创新，这种技能能够表现出来，这个使得我们的教育教学质量大大提高。1997年的时候，我请陈至立①同志看的是首饰、戒指怎么打造出来的，这也是创新啊，当时才建校4周年。过了10年，她又来了，第二次我给她看了同学们各种各样的创新作品，比如说中央空调年久失修了，里面怎么除尘除菌，同学们发明了一个电子老鼠，可以灭菌可以带遥控可以带视频，那种特殊环境怎么去测温度，遥控测试外面的温度、里面的温度。她看了以后，震惊了。

席春玲：都是学生的创意？

俞仲文：是学生做出来的。还有拳击机，一拳打过去有多少分量，陈至立也去打了，瞬时的撞击力达到多少公斤；因为有作弊现象，同学们就发明了网络警察。另外，可可西里藏羚羊的保护，他们发明了一个太阳能的红绿灯。高空作业的吊机，同学们说吊机上面看不到下面，我们是不是可以搬到底下来作业？这些不管你成功与否，你有了这个点子而且要做出来。这个我引以为傲，创新与技术服务，20年前我们就提出来，这很大程度上是引领着国内职教的发展。

办让每个人都能成功的教育。

席春玲：如果我们职业院校的学生是尖子生，那会不会更厉害？

俞仲文：这个倒不一定。我们的职业教育生源是不好啊。

第八个就是我要回答你的，深职院成功之处在于它深深地印在脑子、融在血液里面的就是我们今天讲“让人生出彩的教育”。我当时讲是“让每个人都能成功的教育”，这个理念我觉得是非常正确的。当时我提出了：不

① 陈至立，时任教育部部长。

要老说生源差，生源差我比你们都知道（更清楚），因为深圳职业技术学院当时就是落底的，考不上深大（深圳大学）、考不到外面（大学）去，专科就是我这里。很多老师吐槽发牢骚，一个化学老师告诉我说：俞校长，我实在没法教了，教分解反应时问同学："学过没有？" 下面齐刷刷地举手："没学过。" 他说："我没办法教。" 后来我跟同事们说：你不要再去证明同学们如何差，这个我比你（更）知道，你应该能够证明他如何能够转化。

最可贵的是低进高出，那是创品牌的。

俞仲文：高进高出，那是名牌，是北大清华的任务，但那不是我们的任务；高进低处，是冒牌的，你这个校长要撤掉，这是绝不成功的；低进低出，更要不得，那是野鸡大学，是杂牌；最可贵的是低进高出，为人可敬，那是创品牌的。

我们真的是这么做的，我举几个案例你就清楚了。说实在的，20 年前被人家说，搞得我们有很多人低着个脑袋。我就略施小计，让我们全体的学生齐步走那不可能，毕竟教育它是有规模的，但这不妨碍我们培优。我们下定决心，最好的老师去培优，结果我们真找到了。你知道，思科公司是全球三大网络公司之一，它拥有 CCNA，CCNP 和 CCIE 三个国际证照。拿到 CCIE 这个证书的话，当时年薪50 万～60 万元，那个时候全深圳只有3 个人，我们经过一段奋斗，由两个老师专门进行培训，他们的参考书有这么高（比划和肩膀一般高）。

席春玲：下功夫了。

俞仲文：嗯，下功夫了。最后拿到了这个证书。

席春玲：是我们老师拿到了？

俞仲文：是学生拿到了。

"深职院让我顿悟了" 这一句，差点让我眼泪掉下来了。

席春玲：培养的学生？

俞仲文：嗯，培养的学生拿到了。我跟这个学生照相的时候，学生这么告诉我：校长，非常感谢深职院。我说：为什么？他说：我刚来的时候啊，我认为我的人生前途茫茫，高考失败，老是这也不行，那也不行，最后到这来，我是扎着小辫子、留着耳环。（补充了一句）是个男孩子。"但是深职院让我顿悟了。" 这句话，差一点让我眼泪掉下来了。我们的教育工作者，如果让以前什么都不懂，什么都不在状态的孩子，在某一件事、某一个节点，一下子顿悟了，判若两人啊。

学生一下开窍了，我们的教育就要做这样的。

席春玲：一下开窍了啊！

俞仲文：一下开窍了，我们的教育就要做这样的。听了这个话，我就紧紧地抱住他。你知道他们俩是谁？一个是工程兵的孩子，深圳当时有好几万工程兵，是（从部队）转业的，一点技术都没有；还有一个是清洁工的孩子。你看，出去一下子月薪上万，这两个人，后来就成了风景线，后来就兴起了很多学生以他们为榜样。最后一搞，搞了多少，他们告诉我，我走的时候几十个，现在是100多个。

席春玲：就是拿思科证的这个？

俞仲文：拿的CCIE，有好几种的，低级证不稀奇的。CCIE 100多个。你想想看，这个例子相当说明问题。然后在我们这里开了个全球思科网络训练的大比赛，包括台湾的、其他本科院校的和我们这里的，结果一比，我们的学生是第一名。我记得当时是打败了山东工业大学、台湾的明新科技大学。后来他们那个亚洲总裁刘副总裁见到我，他就说：哎呀，俞校长啊，我非常佩服你，你们搞了一个全球最好的、最杰出的思科网络学院，培养了这么多，不简单啊，所以我要表扬你一下。但是第二我也对你有意见。我说：怎么了？他说：你们培养太多了，让我们这个贬值了。因此他们现在加了面试这块。

新加坡有个学校，他们是专门招收差生。有一个家长当时对校长有意见："你为什么不收我的孩子？" 校长说："因为你这个还不够差。" 我听校长这么一讲，我十多年前有这样的理念是完全正确的，就是让学生出彩的教育。让你的人生成功，今天来看，这个也是引领性的。

先进技术进课堂，一专多能跨界培养。

俞仲文：第九个，就是我们今天讲发展与技术进步相适应的职业教育，在我看来这个内涵是非常丰富的，有些人不敏感。什么叫作跟技术进步相适应的职业教育？它有好几个意思，一个是能够追上现在的技术发展，第一步要做到用今天的技术来武装劳动者；第二步要用未来的技术来武装劳动者。在这方面，我又抓了一个典型也是很好，一个就是先进技术及时注入我们课堂，第二个就是跨界，当时叫复合，叫作一专多能，或者是几专多能的，专才当中的通才，我们当时是这样提的。

我们1993年招收的两个专业，一个是服装设计，另一个是环境艺术设计，1996年他们毕业，拿什么来向社会交代。我们的环境艺术设计，第一次同学们去求职，结果人家才不理你呢，这什么学校，都没听说过。但是当时学生们画效果图非常厉害，一张效果图五六千块钱。这就是我一个小小的经验了，当时我就一直做通他们工作，艺术和设计一定要和信息技术及电脑技术结合，现在你不觉得稀奇，当时可稀奇了。我们当时率先引进的软硬件，比如说日本的数码板 WACON，在中国内地我们是第一家引进的。引进之后，比如说在数码上画素描，它把你的每一笔素描都记录下来，再放出来给大家看，这个多好。数码板 WACON，这是我的一个日本朋友引进来的，这是第一个。

学生从应聘者变成招聘者了。

俞仲文：第二个，我们当时还花了 8 万块钱引进一个软件，就专门画效果图的。这个画的效果图就非常细腻。你要知道我当时（办校）起步费才 15 万块钱啊，我们当时还是咬着牙把这个软件买了。买了以后发现同学们很厉害，玩得很熟嘛。招聘的人一看他很熟练，把效果图画得这样好，而且自己带着作品来。他说：哎呀，你别走，你在我这里和我们一起来招聘其他人。马上从应聘者变成招聘者了。

老板就问他：你会装电脑吗？这就是我们的另外一个要求，我当时说：所有的学生都应该是复合型的、能工巧匠型的。比如说文科的学生，不管你是艺术、管理专业，都要学一点工科，比如电工、精工、计算机拆装（那个时候叫硬件拆装，买硬件来自己装电子计算机）。工科学生不稀奇，文科学生能做这个就是我们的优势。招聘人问，他说：我会啊。一下子给他们装了二十几台电脑，这是在 1996 年，那个老板就找他说："我北京有公司，是不是帮我去？能不能够承包？" 他没底，回来找我问：要不要承包？（我说）当然要承包。老板说：你先不用出钱，我先借给你十万块钱。

从这个意义上讲，发展与技术进步相适应的职业教育是非常鲜活的。我们今天叫 3D 打印，我们那个时候 FDM，faster design model 就是快速成型。3D 打印和 FDM 有什么具体的区别呢？ FDM 是个中间产品，这个材料比如说塑料模拟打印，3D 打印是真实的材料，就这一点区别，其他都完全一样的。当时我们引进的很多，像 UG 是功能最强大的制造业当中的软件。

我们学了一大堆的科学史、技术论。

席春玲：您对科技很敏感啊，这个是不是和您科技哲学的背景很有关系？

俞仲文：是啊，我研究生是学自然辩证法的，我是学数学考进去的。

席春玲：所以说，您对科技的敏感肯定和您的背景对搞技术职业教育有关系，如果我们学中文的或者学其他的可能就不一定了。

俞仲文：那肯定不一样。

席春玲：科学哲学的这个背景对搞技术职业教育还是有关系的。

俞仲文：对，这个非常重要，我们学了一大堆的科学史、技术论。中央已经提出发展与技术进步相适应，我认为我们做到了。

席春玲：而且您这个是很先进的技术。

俞仲文：对，是先进的技术。包括后来提出的贴片机，我都有。贴片机就是电子制造的那个插件机，集成的，电阻电容全部在上面，输进去之后，它就准确地插件，然后进行金箔缝焊。跟着技术的发展，我们引进设备来满足它。其实这才是3.0版，下一步我要提3.0版的。

跟世界同步的，同时又有自己特色的。

俞仲文：最后一个，第十个，我认为，成功的中国的职业教育应该是跟世界同步的，同时又有自己特色的。道理就是德国人已经证明的：职业教育是公开的武器，职业教育是一个国家从不发达到发达，一个地区从不富裕到富裕的必由之路。后来我加了一句话，职业教育是这个地区、这个国家的现代化程度的必由之路。一个地区的现代化程度越高，职业教育应该是越发达，这是跟世界同步的。

第二个中国特色，我们是最大的发展中国家，具有最大人口的压力。德国不仅从战后废墟快速恢复，而且发展成为资本主义世界的第二强国，那是职业教育对人类做出的第一次的贡献，这是很典型的。中国是最大的发展中国家，职业教育支撑了它30多年发展，而且把巨大的人口包袱变成了优质的劳动力资源，这是职业教育对人类战后做出的第二次重大的贡献。

我在同济大学时，他们跟我讲了个故事，英国代表团在战后1946年跑到德国一看，都是战争的废墟。他就说，你把战争废墟清掉需要30年的时间。德国教授很自豪地说，到1968年，我们不仅清除了战争垃圾，还一跃成为仅次于美国的第二强国了。这个当时给我很大的启发，还有一个给我启发就是亚洲四小龙的中国台湾，还有日本，日本我是知道的。我1988年去日本的时候，我也看过他们的职业专门学校，他们是一两千所专门学校，什么（专业）都有。

台湾经济起飞很重要的是职业教育的成功。

俞仲文：最最让我感到比较接近的就是台湾省，台湾在经济起飞的时候，也是台湾职业教育非常自豪的时期，实际上台湾经济起飞很重要的是职业教育的成功。1992年我刚开始当（深圳职业技术学院）筹备组组长，台北工专（现在叫台北科大）的校长张天津来到我们深圳演讲过一次。我听了以后，觉得他讲得特别好。但是我之前在深大，在同济也没接触过职业教育，完全是全新的。我当时不认识他，结束以后，我追着他，到他下榻的旅馆去请教他，从此以后我们建立了非常好的关系。1996 年他到我们学校访问，建立了姐妹学校关系。1998 年我第一次访问台湾省，我们两个人倡议，包括北京联合大学和上海第二工业大学，我们四所学校每年举办一次高职教育论坛，我是发起人之一，一搞就是十几年。所以，两岸的交流这个也是可以写的，这是第九次穗台会议让我们岭南职业技术学院办，也办得很好。

席春玲：我们去参加了，我去了。后来又推动了穗台的交流。

俞仲文：当时我离开的时候，就有二三十所台湾学校跟深职院建立这样关系。台湾的私立技职院校，私立的文教协会，我们都建立了很好的关系。通过交流，他们先进的理念、做法对我们有很大的影响。

双元制，其实是中职的特色。

俞仲文：还有一个是德国的，最早的时候，深职院是跟德国的技术应用大学交流，后来他们发现，我们的专科和他们的专科不一样，后来就硬是把名字改成英文的技术应用大学，实际上德国的应该是高等专门学校，1968 年就是这么叫的，你们搞教育的都知道。我认为，双元制不是我们高职的特色，应该是中职的特色。

席春玲：他是学徒在企业找个工作，然后再来学校读书。

俞仲文：结果我们中国人就去搞那个（双元制），德国的双元制大学真的是很少，它的职业技术机构叫 BA，就是职业类的院校，就是我们这个高职院校，尽管它没有叫高职教育，它原来就是三年制，后来发展到四年制。

席春玲：和我们就比较接近了。

俞仲文：所以，德国那一套对深职院后来的发展影响很大，我们到几十个国家去拜他们为师，一开始都是高举着国际高职教育的旗子，所以联合国教科文组织在我们深职院这里办了一个各国职业教育的会议，最早我们派去英国学习他们的 GNVQ① 框架，你想想1998 年、1999 年的时候 NVQ②、GNVQ 我们就去了。他们有6 000 多种职业。NVQ、GNVQ 它们之间怎么打通的。一开始我们都在走这条路。从以上这些来看，我就感觉到，深职院的成功在今天来看不是偶然的。

---

① GNVQ，即英国的普通国家职业资格（General National Vocational Qualification）。

② NVQ，即英国的国家职业资格（National Vocational Qualification）。

三、深职院的人事制度改革

它是公办院校，但按照民办院校的机制，这是它成功的地方。

席春玲：你们这是向各个方面学习。

俞仲文：从体制机制上来讲，深职院也是有成功之处的。虽然它是公办院校，但是按照民办院校的机制，这是它成功的地方。

席春玲：怎么个民办运行法？

俞仲文：这是它的第二点成功之处，从内部管理上来说是民办的。什么叫作民办？因为深圳的市场经济较发达，我们原来的公办的架构已经不适应了，不光是教育理念要紧跟着市场的变化而变化，人事管理等各方面的管理都要按照怎么有利于市场经济发展而发展，所以在这方面我们做了很多工作。第一步我们做了几次人事制度改革。当时深职院在我那个时候，氛围像熔炉，大家敢去创业。现在回过头来看，主要还是搞了一些非常重要的改革，第一个就是人事制度改革。

我们搞了三次人事制度改革：能进能出，能多能少，能上能下。

席春玲：这是最难的。

俞仲文：我们搞了三次人事制度改革，1998 年酝酿，1999 年开始，当时解决的一个中心问题，就是能进能出，事业单位那不容易的啊！

席春玲：能进可以理解，能出就比较难搞。

俞仲文：全部订合同，本来我们没有合同期的，现在就有合同期了，可以聘三年，可以缓聘你，也可以解聘你，就把铁饭碗变成泥饭碗。这个我也是付了很大的代价的。

席春玲：这个是要大力推动。

俞仲文：大力推动，工作方式要改变，要怎么改变呢？香港工业学院院长来，我们老师问他：你们坐不坐班啊？工业学院的院长说：你问这个问题太离谱了！什么叫坐班呢？你的工作对象、工作资料全部都在学校，你在家里干什么呢？这跟我们完全不一样。我们受到这个启发，改变了工作方法。行政干部肯定是要每天打卡上班的，教师有一天不打卡，其他四天打卡上班。不像我们内地的大学“钱多、事少、离家近，最好课是一天就上完”。这都是通病来的。就当时这个改革压力很大。后来我们开始全部推行，推行当中，凡是打卡上班，只要你符合这个条件，岗位津贴给你，这是第一步，让大家养成习惯。其实，日本不是打卡，是签名。所以这个是很重要的，当然今天来看不一定是打卡，但是要采取措施。其实我们的教师有的真的是自觉性不那么高的。这是一个吧。第二次是2001年开始，过了两年要解决一个什么问题呢？是“能多能少”。

席春玲：分配上？

俞仲文：对，分配上。以前岗位津贴不分岗位都是固定的，但是2001年开始就不是了。我们设计了一个五大能力模块，几十个指标，上不封顶，下不保底。你有本事你来拿，你没本事只好排队排后面，蛋糕就是这么一块，最高的增加4 000多块钱，最低的几百块钱。我后来跟同志们说，这个不是丛林法则，这个是排队。今天你起早了，辛苦了，排在前面，下次你认为应该排在前面，那你就起早一点。

席春玲：这是排队法则喔。

俞仲文：因为我们这个是公开的，所有项目都是公开的，你对照这个项目准备好材料，不用去证明的，当然不能造假，就给你积分了，积分到一定程度就自动加工资了，当然这个不能有教学事故。这个也是没办法的办法。这个当时弄得还是厉害的，包括科研，后来老师们告诉我，有一次我们（学校）在省里评正教授，一次性过了11个。

第三次是2003年、2004年，“能上能下”。干部我们不能终身制，当时我们也设计了一个，我们干部不是有个任期嘛，任期一到，填两个表格，一个是辞职报告，因为你任期到了；第二个是你认为，你也可以自荐下个任期由你来做，你可以举荐别人，我们按照组织部门、人事部门的要求再来重新考核。用这种办法让我们的干部永远保持很拼的状态，不行的话，他就被淘汰了。

我这个校长每年全校教职员工都来评。

俞仲文：我这个校长每年全校教职员工都来测评，不光是中层员工来测评。很多年下来，就这个他们说：没人敢这样做。

席春玲：就是把自己拿出来评？

俞仲文：其他学校都是中层干部投票，我们是全校投，一方面中层干部投票，另一方面老师们投，两方面加在一起，我优秀是88%，称职大概是6%，总共94%了，很厉害了。5.5%有的是不称职，有的是弃权，我就说，94%这在美国总统选举的话是高票当选。

席春玲：您关键是敢把自己拿出来让人（评），这种勇气，是很难得的。

俞仲文：我说如果我达不到，我下台，没问题啊。

席春玲：这个很难得。

俞仲文：所以我认为这个非常重要。

我们奖金分配都是分层次透明的，就是系里面，或者叫学院组织一个分配领导小组组织分配底下的。分配领导的小组其他成员是谁来管，就是他们的院长和我们的分管领导来定他们的成员。那个院长谁来定呢，是由我们的校级分配领导小组的班子来定。那么校级的副职谁来定，是我跟书记，两个副书记谁来定呢，是我来定。我们建立了一个督查委员会，有二十几个教职员工。

席春玲：教职员工组成的，叫督查委员会。

俞仲文：他们估计校长今年一年的表现，决定给你校长今年的奖金系数是多少。

席春玲：这是全员纳入系统。

俞仲文：这个系统非常完美，因为我们不是董事会领导下的。

这个人事制度改革下来是非常正能量的。

席春玲：但是我们最上面还是有一个群众性代表的组织。这个下面的人就会服。

俞仲文：这个怎么不行呢？这个人事制度改革下来是非常正能量的，而且是非常好的，这是一个方面。第二个方面，我认为建立各种制度，不像今天这么乱七八糟的，当时进一个人进来，是没有给多少钱这回事的。我们成了一个风景线，到深职院就是凭本事，不是凭关系。所以这一点是非常好的。总体上我认为，这个学校能搞成这样。人事制度改革包括机构的改革，都做了一些，这就是我的一些体会吧。

席春玲：我是看了您的很多文章，就觉得您早前探索出来的东西，就是您已经写成文章的，或者说十年八年前发表的，我们很多学校现在还在探索，所以我就觉得这些东西应该去宣传，讲给他们听，让他们直接拿来用。

俞仲文：我讲的深职院是第一个部分，实际上讲的是我在深职院的那些经历。

四、民办职业教育是很重要的一块

俞仲文：第二个部分就是我到了岭南职业技术学院。岭南职院实际上是一个新的起点。中国的职业教育不能光是公办的，必须利用社会力量特别是产业来共同举办职业教育。这是我们中国职业教育的一个重大失误，过去行业办的，因为几次改革以后全部切断了。其实民办职业教育实际上是很重要的一块，我现在是全国民办职业教育分会的会长，同时来兼管这个。

我摸清楚情况以后，提出了七项改革、八项措施。

俞仲文：在岭南职院我也搞了几个很重要的工作，我摸清楚情况以后，提出了七项改革、八项措施。经过将近七年的奋斗，让这个名不见经传的民办学校，在2015年6月23、24日全国职教会议上被表彰，成为全国职教先进单位。全国只有两家，一个是苏州职业技术学院，另一个就是岭南职业技术院。九年前，我把深职院办成了全国职业教育先进单位，那时温家宝总理亲自给我发的“全国职业教育先进单位”的牌子，所以我已经是很满足了。公办，15年5个月把它办成为全国先进；民办，名不见经传，把它办成全国先进，可以啦。所以我就急流勇退了，不干了。

他们把我评上了南山区30年最有影响力的人物。

俞仲文：第一部分还忘记讲了，还有一个就是当时我们想搞职教集团啊，公办民办全都结合在一起，雄心勃勃啊，所以在上海办了这样一个学校——思博。在宝安还和区政府一起办了，以民办的机制办一个面向宝安百万劳工这样一个技术学院。

席春玲：其实您这种思想很像美国加州的那种办学思想理念。

俞仲文：对啊，地都拿到了，1 000亩[①]地，都留给他们了。

席春玲：现在还没运作起来？

俞仲文：没运作起来。当时我们就想能不能托管几个学校？搞几个大职教集团，把企业引进来。

席春玲：优质资源应该搞更多的辐射。

俞仲文：很可惜年龄到了啊，这就不谈了，这是历史。所以他们把我评上了深圳南山区30年最有影响力的人物，好多荣誉。市里面就认为我们（深圳职院）是张名片。

反思高职教育发展中的绝对化问题。

俞仲文：民办这一段经历，我着重做了升级版，职业教育要升级，我把它变成了所谓的3.0版。1.0就是深职院的十几个特征，但是当时还是有些局限性，比如说岗位需要什么我就教什么，想起来好像还不错，但实际上是有软肋的。

为什么呢？岗位需要什么，你就办什么，与现实零距离对接，那就没有发挥大学面向未来的社会功能了，那你就没前途了。

---

① 1亩≈666.67平方米。

我们国家2005年、2006年开始的高职评估，全国职教示范校建设，这个应该是很不错的，尤其是工学结合、工作过程导向、校企联合，出了很多很好的整体理念。但是同时出现了一些问题，比如说有些绝对化，这个在我的文章里面都能看到，比如说为了强调实训，实训时间是50%，就把50%当中的80%搞成生产实训。生产实训就是在生产啊，完全是产品、营销、生产过程，全部都是真实材料的生产实训，否则就是模拟嘛，就有点绝对化，而且一味地强调重心下移，高职和中职之间的区别基本没了，这是在发展过程中出现的问题。

我们现在把“技术”两个字加上去，技术技能型人才。

俞仲文：所以，到了岭南职院之后，我们紧紧抓住产业转型升级，因为职业教育一头连着产业一头连着教育，一头连着岗位一头连着技术。产业的转型升级，你必须跟上，我们不仅要准确反应，而且要超前反应。所以2011年我在《中国青年报》发表了一篇《高高举起技术教育的大旗》的文章，里面有我的很多思想了。其中几点今天来看，我认为一不小心又引领了全国，葛道凯司长两年前见到我说：俞校长啊，非常感谢你！这几年你一直在呼吁技术技能型人才，我们现在把“技术”两个字加上去。

中职以操作技能型为主，高职以技术技能型为主。

俞仲文：为什么我当时提出来，这其实不是我个人，有个叫孙长青的，是全国机电行业协会的主任，有一次他跟我讨论，他说：“俞校长，我有一个想法，这个技能型人才有四种档次，一种操作技能型，一种是技术技能型，一种是知识技能型，一种是复合技能型。”后来我想想后面两种其实是文字上的。我说：“孙主任，您前面两个非常好，您‘一不小心’准确地确定了中职和高职的培养目标的区别”，后来我在这基础上提出。同样是技术技能型人才，中职是以操作技能型为主的，高职是以技术技能型为主的。

倪志福不光是八级工，他还发明了倪志福钻头。

俞仲文：什么叫作技术技能型为主，我在岭南职院跟他们公开宣传，他们听得很过瘾啊。我说你们知道倪志福吗？总工会主席，人大常委会副委员长，他在专业上有两个身份，其中一个是八级工。我们前一段职业教育工作就是拼命宣传“如何打造八级工的倪志福”，但是倪志福还有另外一个身份，他不光是很熟练的八级工，他还发明了倪志福钻头，他是具有一定技术创新能力的。所以我说，第二个我们要培养的是能够创造、发明倪志福钻头的人，这是我们高职的主要目的。倪志福本身就是技术技能型人才，既是熟练的八级工，又能够创造发明。他们听了以后有启发，我说你们不要光是培养高级工。由此我提出了七项原则、处理好三大关系，来抓好这个3.0版。这个我在文章里面都有。

我们的高职应该培养千千万万的技术核心能手。

俞仲文：高职教育总的目标是技术技能型人才，那么我们怎么才能培养技术技能型人才呢？我就发动大家去调查，调查了700多家企业，他们转型升级以后，对这个所谓的高级人才发生了什么变化啊，老师们说，过去都是贴牌、模仿，现在要求创新。这个创新不是一般的创新，是有了很强的动手能力之后，他才有创意。所以我后来在《中国教育报》就发表了《培养千千万万技术核心能手》这篇文章，我们的高职应该是这么来办的。每个专业根据它的专业特征，根据技术技能型人才的培养总目标，我们围绕这个技术技能型人才，重新进行了筛选活动，选专业、选课程、选教学项目，这是岭南职院之所以成为示范校一个很重要的内容，就是它的理论探索。

席春玲：现在职业教育很多的是实践，理论提升与思考比较欠缺。

俞仲文：对，这个大家耳目一新了。

五、重振中国技术教育

职业教育要处理好三大关系。

俞仲文：职业教育要处理好三大关系，一个关系就是适当加强技术基础。技术基础和实践教学的关系，你要处理好，不是说实践教学不要理论啊，这是一个。另一个关系是适当处理好以工作过程为导向和以技术活动全过程为导向之间的关系。工作过程为导向它主要就是面向现在、当下的技术活动全过程，那样的学生能够经历实习的工艺改良、工艺改进，具有一定的举一反三的能力，这个很重要。第三个关系，面向现在的实务教育和面向未来的创新教育关系。这三个提法就是一篇文章啊！

从再现到创新。

席春玲：您真的是很有思考的。现在我们更多关注的是当下，未来没有关照到。

俞仲文：你没有未来不行啊。这两天我在写一篇文章，《光明日报》在约我，题为《从再现到创新》①。你想想看，现在我们大批的游客跑到日本去买他们的智能马桶盖，还有电饭煲。马桶盖我记得是20年前都有了，我们拿的都是模仿的，基本上没有很多创意，非常的可悲。电饭煲，一万多块钱。人家日本人每天都在研究这些啊。所以有一句话是，没有夕阳的产业，只有夕阳的企业。

席春玲：产业它总可以创新。

俞仲文：这个话讲得太对了，所以我觉得这三大关系要处理好。最后，有七项原则，当时提出来的。你可以看看我的文章，其中第一个叫作“双需求原则”，不仅是我们当时提出来的从岗位需求出发，这才是一半，因为岗位的需求是静态的、现存的，职业教育跟它对接，没错，但是远远不够。要改变我们国家在整个世界产业中的中低端位置，你必须要增强我们学生举一反三的能力。

这个叫作技术活动的全过程。

席春玲：这个“技术活动全过程为导向”是您提出来的一个名词、一个概念？

俞仲文：是我提出来的一个名词、一个概念。技术活动全过程，就是说你从设定技术题目、找出技术问题、提出解决问题的技术路线、制定技术方案，然后用什么技术手段，最后进行怎么样的技术评价、进行怎样的更新，这个叫作技术活动的全过程。其中有一个隐含词，就是创新。什么叫作创新，很多同学说：俞校长，你教教我什么叫创新。我说你们到宜家去看看，宜家的每一个地方都是创新。

席春玲：它都有一个小小的创新在里面。

俞仲文：对，它都有个小牌子。我就告诉同学，第一步是你怎么去认识创新；第二步是比较创新；第三步是欣赏创新，哪些地方让你拍案叫奇。最后一步是你要改进这个创新，你得有这些基本功。

林靖东校长有两点对我非常有启发。

俞仲文：他（同学）就问我，职业教育传统的2.0版、1.0版有什么不一样。这个概念其实不是我，是林靖东先生，新加坡南洋理工学院的创校校长，跟我是好朋友。他去年特地到广州和我谈起来。他有两点对我非常有启发：第一点，他告诉我说：俞校长，我就是没有提双元制。为什么？我这里有德国新加坡学院，他们的精髓是好的，但华人社会和德国社会是不一样

① 俞仲文．从再现到创新［N］．光明日报，2015-04-17．

的。德国社会都是大企业，我华人社会80%以上都是中小企业，我怎么进行双元制啊，所以我就没做这个，我就改成教学工厂，这是一个。

第二个，这个教学工厂一改了，改成创新综合研究作坊了。他说，每个学生进来之后，我让他在知识管理系统里取四个题目，这四个题目是已经做完了的。你这三年当中要重新做一遍，而且要用不同的方法，要达到甚至超过原来的设计。已经有过去的设计作品、毕业作品，已经在里面了，静态的。抽出四个来，自己再做，而且不是模仿，要创新。

席春玲：这个很绝啊。这个抽出来先要把人家的研究透，他再重新搞一套。

俞仲文：而且效果要比他们强，重新评价一下，要创新。这个就是技术活动全过程的需求。创新比较形象化了，技术活动全过程就是把技术路线、技术问题等等提出来。

席春玲：创新就是要了解整个背景、整个系统，你才能在某一点上创新啊。

俞仲文：我是搞过俄语翻译，我知道世界上有个TRRZ，这是俄文，是关于发明的理论，分析了250万种发明专利，然后提出了很多算法、思想，如72种算法、42种创新，它指导你创新，下一步我们应该怎么走。

席春玲：你们这个科学哲学背景，对您应该是有很大的帮助，搞职业教育有很大的优势。

俞仲文：还有外语。他们说我信息量很大。我经常看外文，像日文，很多文章对世界职业教育的介绍非常的好。所以我觉得这是第一个双需求原则，其他几个也都差不多。

比如说，“双考核”，不光是考核技能水平，而且还考核技术创新能力项目的水平；“双基地”，不光是把实践教学基地变成技能训练基地，而且同时兼顾技研、研创基地；“双大赛”，不光是技能大赛而且是技术大赛、创新大赛。类似这些七项原则，你看看我的这些文章就很清楚了。为什么岭南职院有这么大的名声，跟我们这个教学活动是有关系的。去了以后，我也把深职院的金点子大赛给带过去了，搞了五次，现在是第六次了，其中第五次有5 000多名学生参加，提交了2 003件作品，多好啊！

这都是我们广东版本啊，应该去宣传。

席春玲：每年做，每个学生都基于自己的专业做？

俞仲文：不光是每个学生，还有跨专业团队，这都是我们广东版本啊，应该很好地去宣传。我最近一直在外面讲课，他们听了以后非常感兴趣，要到岭南职院参观访问。

席春玲：您在这两个学校这么长时间，您的一些想法都付诸实践，然后经过实践检验，有效果。这个是最难得的。我看了您的1.0、2.0、3.0的这种提法，我就发现现在大部分面上的学校都是1.0版的，特别是一些落后地区的。像3.0版的可能还是局部的。

俞仲文：我们打造3.0版不是个平面，这是个立体的。特别是沿海发达地区的，像我们深圳、广州，都应该是这样的。为什么我要写这篇文章，李克强总理和德国总理默克尔的对话讲，一个制造大国和一个制造强国之间的对话。但是今天中国职业教育提供的只能是再现的鲁班锁。你知道鲁班锁吗？

一个民族没有创新是不行的，真的是要大声疾呼。

席春玲：我还真没有关注过。

俞仲文：鲁班搞了一个木制的锁，现在我们用金属把它做出来，这也很了不起啊，纹丝不动，卡得很好，但我认为这是再现，还没有创新。如果是你能够在这个基础上创新鲁班锁，如果说球体、椭圆体，甚至是里面加电、加点树脂，这个就完全不一样，如果能这样搞，那就不同。创新，这是我们的主题。一个民族没有创新是不行的，真的是要大声疾呼。我们看到的太多，不是我们不能做，而是我们的教育太落后、理念太落后。看到同胞们蜂拥去买（日本）马桶盖，中国知识分子应该有一种羞耻感。

马尾船政学校：前厂后校，半天舰课，半天堂客。

席春玲：能谈谈您对我国职业教育发展历史的看法吗？

俞仲文：我觉得中国的工业化还没有完成，它是间断性的，所以我们职业教育的思想也是间断性的，没有像西方那么连续。其实中国不乏非常精彩的思想，像那个马尾船政，不知道你去过没有。

席春玲：福建马尾船政博物馆，我去过。

俞仲文：沈葆桢，当时他们已经是非常鲜明的职业教育的特征了，“前厂后校”这是他的原文，而且是半天舰课、半天堂客，堂客就是文化课，这也是他的原话。用这样的方法培养出了我们一代非常杰出的海军人物。邓世昌、詹天佑都是那里培养的，所以这个对我们中国造就杰出人才，对我们职业教育应该说是起到了非常大的作用。

席春玲：可以说是100年前的职业教育实践。

俞仲文：1854年，160年了。在示范校的时候，我曾经讲过几句话：我们示范校的任务不要局限在示范校的项目完成，示范校有三大历史任务：第一个历史任务是重新振兴中国的技术教育，这句话我是很有体会的。我们国家第一本改革全书是1036年沈括写的《梦溪笔谈》，那里写的有石油，“石油”这两个字就是从那里来的，包括印刷、耕作、农居、装配，好多都是从这里来的。

还有一个事例，2001年英国胡佛汉普顿大学授予我管理学名誉博士，表彰我对中国和世界的职业教育的重大贡献。我在那里发表演讲，我说：英国人和全世界人都知道，有个英国的名家叫牛顿。但是我们中国人还知道一个英国人，叫李约瑟，45岁学中文，然后洋洋大篇，写了中国科学技术大全。从他这里看，中国技术教育曾经也是很辉煌的。

郑和下西洋至今600多年，最发达的时候海上有3万人，最大的137米长，37米宽的一个巡洋舰，全部是木头制造，没有一个钉子，你说他的技术行不行？所以从这个意义讲，我们要重新振兴中国技术教育。

高等教育要形成两个板块、两条高速公路。

俞仲文：第二个历史任务就是重新勾画中国高等教育的版图，高等教育要形成两个板块、两条高速公路。德国FHA和UNI[①]这两条板块；中国台湾也是普通大学和技职系；韩国也是这样，专门学校大概145所，136所是民办的，专门学院都是职业教育系。我们的高职院校升本不是要升到哪里去，相反，相当多的本科院校要归队归到职业教育行业里面来，就把这个问题搞准了。今天该回归了，但这个还是有些遗憾的。

第三个历史任务就是重新塑造中国社会的核心竞争力。习近平总书记提到的：拔尖人物、领头人物叫人才，我们从事职业教育的也叫人才。职教也是核心竞争力，现在我们还不承认它。

黄炎培的职教思想是最准确的。

席春玲：我看您对陶行知、黄炎培等的思想也有所吸收运用，能谈谈这些思想的当代价值吗？

俞仲文：职业教育思想方面，黄炎培的思想是最准确的，面向人人，人人乐业的职业教育，是贫民的教育，这方面他是鼻祖。我在南京工业职业技术学院看了黄炎培历史展览，你看过没有？建议去看一下，全面展现了黄炎培的思想。他办了好多学校，立信会计啊什么的，南京工业职业技术学院保留了黄炎培的（历史资料），后来邓颖超去看了以后写了“与时俱进”，我就说“与时俱进”是哪里来的？其实，还有一个南通纺织学校的张謇展览。

① FHA为技术型高等教育机构，UNI为研究型大学。

通过实业来搞职业教育，张謇是鼻祖。

席春玲：张謇是当地的地方官，是吧？

俞仲文：他既是地方官，又是纺织实业家，我看了以后也是很有感触，通过实业来搞职业教育，张謇是鼻祖。我觉得这些都构成了我们职业教育的历史，虽然我们的职业教育发展不是太连贯。我们的职业教育有几个方面是非常遗憾的，我们的政策，不光是教育部门的政策，各行各业要从认同一种教育，转变为认同几种教育，一定要转变。我们现在一讲就北大清华，这实际上是根深蒂固的精英教育。

席春玲：全民都有这个情结。

俞仲文：都有这个情结，没有转变过来。当然这跟我们职业教育有关系了，社会观念要转变，社会价值判断要转变，人才观要转变，政府的管理手段要转变。

教育经费跟职业教育太不相称了！

俞仲文：从教育经费的分配就可以看出，我们整个职业教育的国家财政，各级财政支出只占整个大教育经费支出的10.6%，这个跟职业教育太不相称了！现在有2 000多万的中职生、1 000多万的高职生，加在一起3 000多万人，到2020年我们达到3 800多万人，照理来说是应该均衡的，职业教育国家示范校，拿出了20个亿搞了100所学校，但是北大清华一个“985”学校10多亿、20亿，怎么说啊？这就是一种歧视，理论上重视，实际上不重视，还没把它作为核心竞争力，所以要呼吁。

人事分配制度要动大手术。

俞仲文：老百姓对职业教育不认同，吸引力不够。除了跟我们的社会价值判断有关，还跟人事分配制度有关系。我们尊重劳动、尊重技术、尊重技能风气为什么形成不起来？中华人民共和国成立初期，一个八级工的工资跟厂长经理差不了多少。这跟国外现在一样的，韩国现代汽车技术工，我问他工资多少，他说40万年薪，这个才叫尊重劳动。人家的管理者跟普通技工差别不是很大，两三倍、三四倍。现在我们哪有这个？归根结底人事分配制度要动大手术。

要让我们的孩子们知道，职业教育同样能够达到人生的精彩，同样能够实现自己的价值，同样能够过非常殷实美满的生活，这个才行。

最后一个，我觉得各级政府要拿出当年对普通教育那么大的勇气，那么大的兴奋点，去同样投资职业教育，你要像搞社会项目、大工程一样去搞。那样的话，我们职业教育的春天才真正到来。

访谈后记

对俞仲文校长的访谈是在春节前的一个上午，在他住所附近的一家咖啡馆里，我们聊了有两个多小时。俞校长不仅在广东省享有极高的声誉，而且在国内高职教育界也具有很高的声望。

他从北大荒走出，南下广州深圳，是最早感受到国家改革开放的春风的知识分子之一，他从普通高教走向职教，他带领自己的团队披荆斩棘、开拓创新，为我国高职院校探索出了一条全新的发展道路。

他是一位实干家，作为深圳职业技术学院创建校长，他开拓创新，积极探索，开创了我国职业教育的1.0和2.0版本，屡屡获得国家级教学成果奖，成为深圳南山区30年最具影响力的人物。他退而不休，在民办高职院校开拓了新天地，以岭南职业技术学院为基地，推出了职业教育升级版的3.0版，技术创新能力培养成为高职教育的又一目标。

他具有俯下身子踏实做事的实干精神，他身先士卒，勇于改革。通过人事改革激发教工正能量，极大地调动了广大教职员工的工作积极性。他坦坦荡荡，全校教职工每年评价校长既是他自信的表现，也是他推动改革的表率体现。他用心和教师、和学生交谈，倾听他们的心声，他引导教师发掘学生身上的闪光点，他会被学生的一句话感动到流泪。

他具有极高的学术素养，他熟悉多国语言，专攻科学哲学，对技术创新和技术教育有自己独特的理解。他大声疾呼，教育要重视创新精神培养，他在学校推出一年一度的学生金点子大赛，激发学生身上蕴藏的创造精神与创造活力。

他学习能力强，领悟能力强，对南通张謇的职业教育实践欣赏，对黄炎培教育思想的领悟和感受深刻。他具有国际视野，与新加坡的职业院校合作交流深入。他重视与我国台湾省职业院校之间的合作交流，推动粤台职业教育交流。他广泛收集各国职业教育信息，吸收并利用在自己的实践中。

他是岭南职业教育界具有深厚教育情怀、民族情怀的教育实干家，理论探索者，是我们十分敬佩敬重的岭南职教的开拓者、带路人。对俞仲文校长的访谈，又一次激发了自己的教育使命感，也是自己借助专业研究，近距离聆听了一位当代教育家的美好回忆。

岭南民办教育名家：叶念乔董事长

访谈对象：广东理工学院　叶念乔董事长
访谈者：席春玲
地点：珠江宾馆
时间：2015 年 4 月 6 日

席春玲：叶董，您好！我去过贵校几次，也看过您的介绍，学校从建校到现在发展很快，几乎是五年一个台阶。办中职、高职、应用型本科，每一个阶段都很在点上，这个节奏跟我国职教的节奏很接近。您提出要做民办应用技术大学里的排头兵，未来还要建应用技术大学。您对职教本科的设想是什么样的？您对国际上职业教育有什么样的见解。您可以从自己做职教的过程来讲，也可以从民办职业教育在我们国内省内，您独特的一些体验。最后您对我们的教育有什么样的意见、建议。大致是这样一个思路，您可以从您的立场来谈谈。

叶念乔：那我就谈几个方面：第一，我想介绍一下我办学的路程；第二，我谈一下办学的感悟；第三，谈谈现在升格为本科院校以后如何坚持本科学校的职业特性。本科职业类学校，现在也叫应用技术学院，以我个人的一些见解，来谈谈这三个方面。

一、我的办学之路

叶念乔：我走这条路不是偶然的心血来潮，是当时的环境引起的。我本人是师范大学毕业的，一直是在中学和师范学校（高要师范）工作，当时高要师范还是国家办学的中专，那时最优秀的学生才可以来读中专。我们学校绝大部分学生都是初中第一名才能考上，因为包分配、国家干部（身份），那个时代初中生里最优秀的学生首选是读中师、中专。

当时我就发现广东，尤其珠江三角洲地区有两个倒挂的现象：一方面幼师人才很稀缺，民办幼儿园非常多，很希望有幼师专业的学生去，而国家计划很少。而南海、顺德大量幼儿园，甚至是公办幼儿园，来我们高要师范招幼师（毕业生）。可以招，但要交几万块钱的培训费，而且拿不到正式生。我们师范招到的肇庆地方的学生，就分到肇庆工作，如果你要跨市的话，要交费。而且跨市招（生数）的是微小的，一个学校大概有10%的指标，叫代培生。代培生是离录取线差10分8分的，本身也是很优秀的学生，他要多交两万块钱，这些学生毕业以后虽然有中专的文凭，但是没有包分配的。国家是计划经济，没有国家的正式身份，而珠江三角洲过来，交几万块钱，只能拿到这些学生。往往这些毕业生工资比我们肇庆还高。所以我当时就在想为什么我们不能搞一些。

口号是贴在各个学校里面的，但是没人重视。

席春玲：市场有这个需求。

叶念乔：但这样不行。办学要国家批，我们不能蛮搞，这是违规办学。这是一个，我看到了幼师专业的优势。第二个我是计算机老师，1985年邓小平的名言："未来的世界是计算机的世界，计算机要从娃娃抓起。"那个口号是贴在各个学校里面的，但是没人重视，一直到1992年，我们高要师范才收到省教育厅拨的30台电脑。电脑从娃娃抓起，我们培养娃娃的老师，小学老师的啊。就发现那个时候学生们见到电脑，一进去（电脑室）以后就不愿意出来。一个2 000多人的学校才30台电脑，一个星期才2节课，其中只有一节课上机，一上机四五个人共用一台电脑，跟现在的概念是不一样的。学生一上了机以后，就死活不愿意下来。有时候一开机没几下，轮一轮就下课了。

所以我说学校能不能搞培训，星期六、星期天晚上大把时间，不用正式排（课），就用晚上，有兴趣的学生收费，学校说也不行。这两点我就看出来了，有市场、有需求，但是国家政策对公办学校的限制很多，不能办，所以我就自己办学。办培训班就是幼师培训班和计算机培训班，结果我一出去招生，哇哇，不得了，几千人报名。那个时候牛啊，学生10个我们才录7个，还面试。

有市场有需求，公办学校限制多不能办，我就自己办学。

席春玲：就是培训班？

叶念乔：就是培训班，而且没什么学历的，就是一两年的培训班，幼师班、计算机班，而且收四五千块一位。

席春玲：和现在的技校一样的？

叶念乔：连技校都没有，中职那个时候还有3年吧，我们就是培训。结果我们就一条：包学生就业。那个时候不叫分配，我们就是推荐。学生一出来以后，两个专业的学生，非常抢手。幼师专业一毕业就被珠江三角洲那些幼儿园抢去了。学生很高兴，工资也高。农村的孩子一培养以后，在珠江三角洲就业，而且是作为老师，你很容易在那里成家，因为都是女孩子。第二个呢，我们计算机主要是BB机、CALL台培训，学生要懂电脑、懂普通话、粤语。说实在的，珠江三角洲地区很多人，那个时代还不一定听得懂普通话，那个时候又懂普通话、又懂粤语的人不多，打工的非常多，但打工妹很多都不会讲粤语，而广东很多学生也不一定讲普通话，我们招那些初中生来进行一年的培训，学习计算机，背背代码，讲讲普通话，那些学生上手非常快，工资几千块是没问题的，而那个时候一般的中学老师才500块。所以市场（效应）非常明显。第一年我们招300个，而且是千挑万挑的，一就业工资很高，第二年他们左邻右舍的亲戚朋友弟弟妹妹又过来，所以我们一下子就做起来了，我也辞职了。培训就是这么做起来的，重点就是两个专业：一个幼师，一个计算机文员。大部分都是女生，管理也容易。我们肇庆有体育中心，就租用看台底下来进行培训。

职业学校一定要紧跟市场，市场很快发生变化。

叶念乔：职业学校一定要紧跟市场，市场很快发生变化。发生变化有两点：一个是市场饱和度，够了，你说幼师能无限制地去发展吗？第二个市场竞争，你搞了别人也搞，更重要的是市场、行业在萎缩了，比如说CALL台，现在根本没有这种说法，谁还知道CALL台是什么，现在都没有了。但是培训市场总是在不断起伏，既然一个传统的、过时的产业已经过剩了，那么就会有一个新的东西出来了。那个时候，电子产品就非常多，那么就进行电子行业的培训，空调制冷这些东西。

我们整个发展史大概五年一个周期，前几年就是搞培训。那个时期培训有个特点，第一个就是无固定的土地，搞了第一个专业就搞第二个，最多在6个地方做。到了2000年左右，这个时候学生又多、规模又大、管理困难。所以1999年搬了，到了第二期。一买了地方就开始申请自己的学校，就叫肇庆中专学校。

进入第二阶段就是中职，有自己的学历、校舍，就不断壮大，福利也越来越好，学校的规模也跟得上了。第三阶段是2004年，中职也做得非常大了，连续十几年都是广东省规模第一的，最高达13 000名学生。而且我可以在粤西地区，肇庆、云浮、阳江、茂名、湛江搞，这些地方初中生的首选是我们，因为中职我们做得非常好。

席春玲：就业，各个方面。

就业是最重要的，无论是中职，还是培训。

叶念乔：就业是最重要的，无论是中职还是培训，只有学生就业好（才能办好）。因为我们的学生都是“三无”学生，第一都是穷人，农村的孩子，那个时候没几个城市的孩子、富裕的孩子。那个时候就是要就业。第二点都是没有背景的孩子，没有哪个领导的孩子来我们这里读。第三点他们成绩都不好，考不上正式高中。他们希望的就是读了书以后能就业。甚至我们要做到：一个学生读书，一家都脱贫。这样我们往往是一个地方一串家族，兄弟姐妹、堂兄弟几个，都是这样的，而且都是我们周边的，不是远的（地方），都是一人发展，以后其他人都在这里。

2004年，学校升为高职高专。

叶念乔：到了2004年，第一次升为高职高专。我们自己有校舍，什么面积都达到了要求，2004年就升为高职高专。升为高职高专后，学校的规模就不断壮大，我们在城区拥有校区。1999年在肇庆市中心地段买了接近200亩地，现在价值不得了啊，（200亩）装不下了。现在的高要（校区）原来是1 400亩，后来被政府拨走了几百亩搞房地产，现在是900亩，这个学校发展非常好，应该说学校里面的设备更齐全了，那个时候我们着重是以工科为主，因为升为学历教育以后，师范是不能办的，CALL台也没有了，新的产业是汽车，还有机械类，包括数控类、模具、机电一体化，所以就以这种硬邦邦的工科为主的，当然也有一些文经管。但是工科最大的特点就是男生多，一个学校里面全是男生也不好，因此也会搞一些经管艺术。现在我们学校70%是男生，30%是女生。

2014年，我们又升格为本科院校。

叶念乔：学校发展非常快，到2014年我们又升格为本科院校，而且非常有幸的是，我们是全国第一高票，几乎满票通过了。因为这里有个导向，去年就开始讲应用，就是说民办本科都全面实行应用技术型高等院校。鲁昕部长的思想就是建立职教体系、立交桥式的，实行培训、中职、高职、本科、工程硕士、工程博士一系列的一种分类管理和分类教学的体系。在这种背景下，我们工科有优势，再加上我们的办学条件，从这个数据表现出，所有的升本学校，硬件不管是校舍面积、学校的各个方面，我们很多数据都是第一的，所以最后高票升本，这给我们学校一个新的起点、新的高度。我们也瞄准这个新的目标，因为我们说原来民办学校要升硕改大，几乎不可能，十年一百年都不可能。如果是按照鲁昕部长的体制，应用型大学，经过再一次改为大学，甚至有工程硕士授予权，这个还是有可能的。

升本后，就提出10年后的新目标。

叶念乔：所以，我们升本以后就马上提出了一个新的目标，十年以后，能够再升一次。所以又征了500亩地，投资5个多亿，建立新的校园。同时，围绕应用型大学的参考数据，包括双师型教师、工学结合程度、师生的专利发明、政策咨询报告这些方面制定一系列的鼓励政策，向这个目标推进。这个不是单纯的目标，还有很多细化的指标参数，都一一制定出来，并且全面铺开。学校最怕升格以后大家沉浸在一片喜悦之中，没有新的目标，只谈享受、只要待遇，而不做新的努力。这样的话，所有的人从领导班子到老师都有新的目标，包括我本人有新的压力了、也有动力了，所以这样以目标为动力、以制度为压力、以文化作为凝聚力，使整个学校有这么一个积极向上的氛围，这是我讲的第一个。

学校发展差不多20年了。真正来讲是始于1995年，原先办班是没有证的，我也是没有辞职的。1995年我从高要师范辞职至今，到2015年刚好是20年，具体日子是7月3日。2015年7月就是我们学校的20周年了，我们也不搞什么仪式了，学校经历了四次改名、四次飞跃。

二、对职业教育的思考和看法

叶念乔：第二个就说说我对职业教育的看法。其实我们国家没有像欧美国家那样有一些明细的职业教育分类体系。像德国，民间的职业性学校、普通学校管理都很细的。中国的职业教育和普通教育好像是两种定性，但是从办学的教学大纲、培养目标，都是模糊的，这就导致了我们尤其是到本科层次以后，有人叫作职业型本科、应用型学校、应用技术型大学，现在比较通用是应用技术型高等学院。高等学院就有三个层次了，有可能是高职高专、本科学院、大学。

在具体的含义上，职业跟应用技术是不是一回事，是不是职业教育就是应用型大学，或者应用型大学是不是就是职业教育？你可以看到很多会议和很多专家论坛。换一个角度讲，研究性学校，比如说清华北大，就不讲应用型技术了吗？它是不是应用型技术学院了呢？难道它就不搞技术了吗？现代很多人在进行研究，说现在是第三次工业革命、新的产业，我们必须产生新的高校，我们国家大学已经落后了。其实应用技术也不是第三次工业革命才有的，农业时代也要讲应用技术。自古以来，教师就做三件事情，“师者，传道授业解惑也”。人家不懂的，你就讲清楚，解惑；传道主要是做人道理；授业就是应用型，教人怎么做事。这么多概念名词，都是专家把简单问题复杂化了。

职业教育是“有阶无界”，有阶段性，没有明显的界限。

叶念乔：如果要我理解职业教育，我用四个字来讲，就是“有阶无界”，没有明显的界限，有不断递进的阶层。从我走过的路来讲，已经走了四个阶段，从培训、中职、高职、本科，甚至还有第五个阶段。这都是不同的阶层，每个阶层培养的目标都不一样。作为职业培训来讲，很典型的就是授业、动手，并不一定要讲出很多所以然，往往一道工序在学生那儿无限重复，背代码就拼命地背，这些都是一种职业要求。当幼师就是讲六艺，弹、唱、跳、画、讲故事、做游戏等来培养学生。很少对学生进行教育学、心理学、幼儿发展动态那些更高层次的和语文、数学、英语等教学，这就是职业（培训的）特点。到中职的时候，往往要加以浅薄的理论；到了高职，配比就不一样了，可能知识面要更宽一点。说真的，如果单纯从学生技能来讲，高职学生还不一定有中职学生那么强；到了本科，知识面更宽，不仅知其然，还要知其所以然，带有研究性的，起码要到发明专利这个层次。还没到工程硕士和工程博士这个程度，所以谈不出很多道理。

阶段不一样，对理论和实操的重视度不一样。

叶念乔：总而言之，职业教育是有一个阶梯的。阶梯不一样，对理论和实操的重视度不一样，但是你说有很明显的界限吗？我觉得没有太多的，只是侧重点的问题。你说一般性本科，它难道就没有应用技术吗？它不讲应用技术吗？当个法官、律师也都要讲技术。你说纯粹的学者讲技术吗？他也要讲，只是偏重面不一样。我想鲁昕部长的一些做法，主要是考虑到我们国家拥有太多的同质共性大学，大学都没有特点。

国家采取的方式是财政拨款，各个学校，尤其是公办学校它为了增加拨款，拼命地追求全面、综合，很少有个性大学。培养学生，成本低的就愿意搞。你看看有一些一般性院校，培养很多法律、马列哲学的，我不是说这个没用，它成本很低的。只要有老师、讲台，也没什么实操，学生也不管学不学得到技术，但我拿到了一个本科，还是2A，我去就业也不怕。很多用人单位，尤其是公务员，还是以考试为主的，它不用技术。所以这样培养的很多学生都是千篇一律的学生，结果一到了真正的市场上，到竞争力较强的行业里面，就用不上。当然，做公务员万金油，什么专业都好，慢慢培养。

把大学干脆分为两类，一类是研究型大学，另一类是应用型大学。

叶念乔：（职业教育）这个不同，你要真正地在企业里面，尤其是民营企业、外资企业，大量普通院校的本科生用不上；而另一方面，职业技术性比较强的，如数控，这些招不到人，稀缺，很多父母，尤其农村的父母花了大量的钱，把几家人的钱借过来读个大学，毕业后失业。而且读了好的大学以后，他往往又不愿意再从事技术性工作。鲁昕的思想可能就想改变现状，把大学干脆分为两类，一类是研究型大学，另一类是应用型大学。应用大学跟职业性大学又不一样。但是我们可以肯定的是，职业性大学肯定是应用技术型的，但是应用技术型学院不能涵盖所有职业大学，我理解的。我们也不能说应用型技术院校就是本科的职业学院，只是说你在学校里面要加上应用成分。

如何做到呢？鲁昕的整体思想是这么几个方面：第一个以市场为导向，服务经济，尤其服务当地经济；第二个走产学结合、校企融合之路；第三个教师必须有“双师型”的，把大批能工巧匠引入学校。原来的教育部考察学校是：一个学校的外聘教师不能超过本校的25%，现在鲁昕说：一个学校的外聘教师一定要高于25%。这刚好是个对比，原来从最多不能高于25%，现在是最低不能低于25%。把能工巧匠引进学校来，把有工作经验的，比如说管理者，引入做高校教师。高校教师不能再是从毕业就到高校，社会上的东西他一点都不知道，要改变这种状态。学校的教学设备一定都要与企业设备进行同步等一系列要求。我觉得方向是非常对的。那么怎样做到这一点，现在我感觉就是，理论性东西不要探讨得太多。现在就是一大堆理论家，他们也不一定懂得什么是应用技术，讲得我们这些办学者，对什么是应用技术还搞不清楚。

我们就是培养市场需要的，专业要紧跟当地经济的变化。

叶念乔：但是我可以肯定的是，我们骨子里从产生的第一天开始到今天，一直是走应用技术之路。我们不是要把学生培养成科学家，也不是培养成市长，我们就是培养市场需要的专业技术人才，我们整个专业的变化就是紧跟当地经济，尤其是珠江三角洲的产业发展，来进行不同的变化。那么要做到这一点，确实一定要跟企业结合。

企业的能工巧匠不要用传统的职称、学历来要求。现在我们都知道，老师要拿教授、副教授、讲师职称都是一路考试、写论文、资历三点。第一够资格，第二写论文，第三要考试，但是偏偏缺少一个环节，就是实践环节没有。闭门造车的书呆子们要搞应用技术真的是不行。但是要能教书、培养学生孵化创业，一定要老师首先懂创业，老师不懂创业怎么教创业？

所以，我们培养一些有创业成果的老师来带动我们学生学会创业。像现在我们有栋大楼，免费让企业进来，你在学校里挂个牌子，带动一拨学生搞创业，比如现在电商、动漫、旅游，跟我们学生一起创业，利用资源把学生带动起来，这样的话你也受益，学生会模仿嘛。如果我们自己老师的话说了一万遍也没用，教师没那个经验，所以说现在的高校一定要放开，不能再千篇一律了。

要给学校充分的自主权，让学校能够培养出有用的人。

叶念乔：首先从一个大学里面的专业设计谈起，我们不谈学科建设，我们就谈专业设计，国家统得很死，一级、二级。然后，每个专业的教学大纲定死。有的一年还查一次，教材甚至也要统死。你说这几项一统死，这学校还有特点吗？不同的地方、不同的时代，计算机变化万千，教材还是五年前的，五年前的还能用吗？根本就没有跟上市场，所以，不能统死。要给学校充分的自主权，让学校能够培养出有用的人、用人单位好评的人，否则，考多少高分，有多少篇论文，真的没用。

利用市场无形之手，来调整大学的办学特色，而不是太多的专家讨论。

叶念乔：原先我办学也是鼓励老师写论文，现在不列入奖励计划了，不要求老师写论文，现在是专利，老师能搞专利就好，跟企业联合起来搞专利，为企业写咨询报告，这些是奖励重点。专利分了三类，进行不同的奖励。包装专利很简单的，我们是奖一万块钱。所以我想职业教育真的是要变，但是不要太多的探讨。还是第一条，利用市场无形之手，来调整大学的办学特色，而不是政府太多的专家探讨。

我参加过好多这些会议，有的是教育部官员、有的是大学校长、有的是著名的院士，越讲越糊涂。你搞这块研究的，你说你能搞清楚什么是应用技术？真的说不清楚的。这个不同层次的不一样，培训是一个层次，大学又是一个层次。不同层次地进行培养，给学校较多的办学权，而不是统一的考试。一个最明显的就是你的学生走入市场，市场需求什么，你培养什么，学校要警惕着市场。

我们现在职业教育经常有一些竞赛，指定软件、指定设备，然后进行竞赛，这样我们要死了。上次有一个省职教协会搞数控大赛，本来数控（专业）是我最强的专业，但是它规定软件是这个厂家的，设备是那个厂家的，买那一套要30万元。这个竞赛出来的第一名对学校也很大影响，但我从来不用那个软件。你要看看市场上用什么东西，市场是最重要的，现在企业里面主体是用哪个，而不是用教学设备仪器厂生产出来的东西。现在很多教学仪器厂这些人拼命地活动各个学校、省职教协会，比赛就他们赞助，这没有任何意义。本来我们也是鼓动学生参加各种竞赛，后来发现这个是变了味的技能大赛，就没有任何意思了。

三、我们的民办教育

叶念乔：第三个我想谈的是我们的民办（教育）。我可以这样说，不仅是我们，也不仅是广东省，全国所有民办学校的老板都走过很多艰辛之路，从不同的角度、方式，但是过程都差不多。因为这些办学者都是一步一步坚持下来了，没有多少是实业家，说自己从产业里面赚了好多钱的。而且办学当中，国家政策不明晰，很多时候受了很多委屈，可以说是办学之路的痛苦吧，人人都是一样的感觉。

招生政策已经决定了你学校的层次。

叶念乔：国家整体的支持，跟我所了解的其他国家也是不一样的。说是一视同仁，其实很多方面就是歧视。比如从招生制度来讲，广东省分为一批二批三批，2A2B，名字也难听，招完公办再招民办。你这个学校再好，差不多最后一波最差的学生。一个学校好的效益、好的形象，不仅仅是师资设备重要，生源也很重要。你说有多少人能够把最差的生源一下子转变为最好的毕业生，都不行。招生政策已经决定了你学校的层次。现在一个学校在什么层次不是你干出来的，而是招生政策把你定出来的。

很难留得住很好的教师。

叶念乔：还有教师问题，（民办学校）很难留得住很好的教师。现在的教师，学校再怎么样保证待遇，老师们还是考虑退休以后怎么办。一般工作40年，退休以后再活二三十年。退休以后的公办老师和民办老师的待遇相差很大。说改革也很难，而且老师的流动性也是个问题，现在只有民办学校往公办学校走的，哪有公办学校往民办学校走。这是优质教师的问题。

还有定性的问题。（说学校是）民办非企，现在只告诉你民办（学校）不是企业，但是没告诉你是什么。这些很多法律层面上的没办法做。比如说企业职工的《劳动法》，《劳动法》的企业员工可以，我说干就干。《劳动合同法》明确规定是没有聘期的，我今天提出离职，明天就可以走。

教师也是这样的话，教师说走就走。按照公办单位来讲，有《公务员法》，还有《专业人员聘用法》，我们现在教师明显是专业人员，应该是聘用制，不是合同制啊，现在我们《劳动合同法》适用教师的话，对学校是很不利的。这就相当于民营医院医生给病人动了手术，把肚皮划开以后就走了，不干了，这合理吗？不合理吧。但我们用的是《劳动合同法》，教师实行《劳动合同法》，我们应该实行《公务员法》，或者应该用《专业技术人员法》。很多问题不合理的，税收问题现在国家也没理清楚，民办学校收不收税？

席春玲：现在您这个学历教育应该不收税吧？

叶念乔：我们现在没交，是我们强行不交。但是找不到一个法律依据，税务局时不时找麻烦。我们告到省委、省政府，省长就亲自把两个税务局局长请过来，说放民办学校一马，进行协调，但都没有法律依据进行保证。

还有一个发票的问题。

叶念乔：还有一个发票的问题。众所周知，现在只有两个收入合法的发票，一个税务局的发票，另一个是财政局什么内部转账支付。现在我们学校，税务局不给，说你不交税我给你发票干什么。财政局说你都不是国家体制的单位，我更不能给。我们一个最简单的问题，我们的合法票据是什么？现在很多学生要发票，说我们家长有能力报销，你这个收据不行。我们还要去税务局专门给他开一张发票，还补交税。税务局肯定要收税的，开一张发票要收税。所以这些问题都是国家法律不支持民办学校，而且法律之间互相打架，什么大法、小法，我们也吵过。

广东省有一个《民办学校管理条例实施办法》，结果呢，一起官司败了，说你这个是地方条例，我们的法是大法，《劳动法》《税务法》是大法，《民办学校管理条例实施办法》是小法，所以法律上没有进行一个保证。所有学校的老板们都不知道这个学校办完以后是属于谁的。

我那个中职（学校），原来在城市中心有土地接近200亩地，如果我搞房地产我要赚10个亿。本来我20世纪90年代买了地，我搞培训赚钱买了地，我事实上是私人老板转过来的。那个地当时就是房地产，因为我办学，你稀里糊涂就把我的地转成了教育用地。好，现在我那个学校没有了，中职我不搞了。我现在想卖卖不掉，这个地属于谁的，说不清楚，政府就是不让动。这就是办学以后，产权属于谁不清晰。

学校巨大的产权属于谁，国家至今没有明确的政策。

叶念乔：因为民办学校法律第一条就是定义民办学校为公益性事业，不得以营利为目的。也就是办学老板们投多少、亏损的，你自己背，赚多少不关你事。我们的生活是没有问题的，但是巨大的产权属于谁，国家至今没有明确的政策，谁都不知道属于谁的。我们就是凭着自己，有一些老板们不想把学校办大，一边办学一边积累资金，当然这样的学校肯定办得不好、办得不大的。但是像我这种热衷于办学的，学校越办越大、投资越来越多、负债越来越多，好了，办得好了以后，学校资产越来越多，属于谁？不知道。我就碰见了中职的那块地，政府也没收回，也没办法动，也不能开发。

席春玲：他在规划里面把这块地划成了教育用地？

叶念乔：他跟你改了，我买的时候不是啊！又不是政府划拨给我的、又不是政府转让给我的。我当时买的时候是银行不良资产买过来的，当时用地性质就是住宅用地。就是等等类似问题，我现在并没有意愿说一定要把这个转回来，而是说这些问题法律上没保障，如产权问题、债务问题，这也导致了一些民办学校办学者并没有用尽心思把学校办好。

没有人愿意承担无限风险去办公益事业，法律没跟上。

叶念乔：我们还是回到无形之手上，人是趋利的，合法的享受利益是对的。什么人才能成为慈善家、公益者，是有富余资金的人才可以。我钱多得没办法了，我愿意搞公益事业。没有人会说我去借钱搞公益事业，没有人说我愿意承担无限风险去办公益事业，所以这个法律上不行。关于民办职业教育更是如此。

在我看来，现在国家公办的普通学校肯定是“大老婆”生的，职业学院是“小老婆”生的，而民办学校是“私生子”，连身份都没有，所以民办职业学校是难上加难。听说政府今年的民办学校奖学资金已经提高到了7 000 万元，但是对于550 万民办生的大省来讲，7 000 万元，生均才10 多块钱。

席春玲：我们在统计高职教改项目的时候就发现，民办高职的数量占1/3，但是课题给得很少。

叶念乔：那根本就不用提了。我给你讲一个道理，三年前我升过一次本，那个时候还没有提出应用技术型本科。一个学校的软实力有八个参数，其中就有省级精品课程、省级示范性专业、省级示范性实训基地、国家级示范专业。那么省级精品课程是怎么回事呢？是教育系统评出来的，财政部门拨款的，整个广东省民办学校一片空白，一项都没有，其他省就有。因为你在一个平台上面，软实力有三个省级精品课程，五个国家级示范专业，那这个学校一下子就有实力嘛。我就直接找省教育厅，说能不能给我们民办学校？他说不行啊，这个要财政厅给钱，不可以啊！我说你给我项目，我把钱退还给你们。

专家们全是公办学校来的。

叶念乔：现在还有很多，比如说，现在这种形势下，我们自己想培养副教授很难，你的专家们全是公办学校出来的，你看我们学校今年有三个副教授，是民办学校排第一的了。这个难度，因为公办学校他们肯定强，他们人才济济。第二他们本身就有歧视，在同一平台线上，我们民办学校怎么样才能找到不是满脸白胡子的教授呢？我们想培养啊，根本就没办法培养。也许它设想是公平的，但实际上是不公平的。

还有你刚说的课程改革项目，我们也想争取啊。争取的前提是，省级课题带头人必须是正教授，年龄必须55岁以下。很多课题都是这样写的，我们哪里找得到。我们有正教授啊，退休的！民办学校怎么找得到55岁以下的，除非是高薪聘请，或者是犯了错误的。而且一个课题下来，不仅仅要有正教授，还要有团队，这些一系列要求以后，在同一个平台上我们永远没办法做到。

是不是我们的科研水平就一定不行呢？换一句话，是不是评上那些课题的东西真的有用呢？很多时候是没用的。这样的事情也太多了。比如说现在资金的问题，有的学校拿到课题的资金多到不知道怎么用，而我们却一分钱都拿不到。

西方学校并不因出资方不同而受到不公平的待遇。

叶念乔：我们办学校跟西方国家不一样。西方国家的民办、公办学校唯一的区别在于资金来源。民办学校的资金是自己在社会筹集的，公办学校的资金是政府拨给你的，拨到这个学校以后，学校有自己独立的章程进行管理，并不因出资方不同而受到很多不公平的待遇。

比如说在美国加州，一个是伯克利大学，一个是斯坦福大学，不相上下。斯坦福的资金是基金会筹集的，伯克利大学是加州政府给的，都能够办出好学校，而且也没有一点歧视。好学校收费也高，学校产业来源也高，你能招到最好的学生，你以后就变成了常青藤。而我们现在不同，现在变成了定性的，要你好就好。你民办学校想自身发展成好学校，永远做不到，不仅仅是生源，还有各种各样的限制，像师资。

访谈后记

叶念乔董事长的大名早有耳闻，在2012年刚入职广东省教育研究院不久，曾随汤贞敏院长等一行人去做过调研，当时感觉这个董事长不一般，身上有股小男孩的那种机灵劲。

2014年12月，民盟广东省教育委员会举办的教育论坛在叶董的学校召开，我再次造访学校。在他们学校高票数升本科成功之后，感到这个学校的领头雁一定有高人之处，于是，有了访谈叶董事长的想法。他总是很忙，学校又在肇庆，访谈只能等待时机了。

刚好2015年春，民盟广东省委在广州珠江宾馆开会，叶念乔董事长是民盟广东省教育委员会的副主任，利用开会之机对他做了访谈。叶董的思路很清晰，访谈很顺利，只需说明访谈意图，偶尔追问即可，因为他对民办教育的感受太多了，讲两个小时真是有点不够啊。

访谈结束回家的路上，我一直在思考他提出的很多问题，所有的教育政策对民办教育举办者来说是一种真实的存在，而这些是教育研究者和政策制定者难以企及的感受，不倾听他们的心声，我们可能永远认识不到这些。

对叶董事长的访谈，让我们了解了民办教育背后的很多故事，民办教育家们的艰辛历程，他们对教育市场、人才市场和教育政策的敏感。

民办教育在广东省职业教育份额中占1/3，叶念乔作为民办教育领域的代表十分具有代表性，他是从办职业教育培训班开始滚动发展的，是教师出身，熟悉20世纪80年代以来中国教育的发展，尤其熟悉岭南教育的发展与需求。

他有眼光，有魄力，有目标。20年间滚动发展，5年一个台阶，10年一个阶段地发展，使得学校从最初没有固定地方的培训机构，一步步从中专、高职高专，到应用型本科高校不断前进。

他对市场很敏感，在他的访谈中，多次谈到市场，提出你要对市场敏感，这可能是民办学校领导者最突出的地方。抓住了社会需要，市场需求，是他领导学校快速发展的重要原因。领导意识，不断为新的发展阶段设定新的发展目标，带领着一个团队向自己的目标不断前进。

顺德职业教育的践行者：姜蕙副局长

访谈对象：顺德区教育局　姜蕙副局长
访谈者：席春玲
时间：2015年11月10日
地点：北京路8090咖啡馆

席春玲：蕙局，您好！我们的访谈大概顺着这样一个思路，您可以从大学的专业背景开始，沿着个人的职业生涯，谈谈您如何与职教结缘，如何筹建顺德职业技术学院，学院的专业设置等，以及您领导顺德区中职工作时的理念、方法，以及您个人对职教的感受、体会与认识等。

还有，您和政府各个部门打交道，怎么获得市、区、省厅领导的认同和支持。因为您领导的很多职教改革是开创性的，官方对这种改革是怎么样的一种态度，怎么获得他们的认同？还有您做了这么多年的职教，对职教您个人的理解是什么样的？您可以顺着您的思路讲。

姜蕙：因为我已经退休了，很感谢这个机会。回想一下自己的经历，我这一辈子可以用五个阶段来概括。我是1958年出生的，1975年高中毕业，自己人生每一个阶段就是七八年，我这辈子大概就五大阶段。

一、职业生涯回顾

第一阶段　3年知青经历+4年本科教育

姜蕙：第一阶段是从高中阶段到大学毕业，三年的知青加四年的本科，求学阶段吧，迈向社会的第一个阶段。这一阶段给我留下很深的印象，上山下乡做农民，在广东惠州博罗下乡，那边是个产粮区，每年种两季，插秧一个多月，收割一个多月，然后又插秧，这给我留下一个“实在”印迹，做人得实实在在。那时候是人工操作，割稻子得一刀一刀去割，打稻子也是一下一下去打，种花生、收割谷，什么都得实打实，亲力去操作，这和做人的道理一样，做人要实在，做事情也要实实在在，这三年的知青生活没有半分的偷懒作假，你少割一刀，你的稻子就割不下来。这个影响了我一辈子，大家都说我做事情很认真，不管在哪一个岗位，做人也比较认真，交给我的任务都是踏踏实实地做，这是知青给我的体验。

父亲是华工的教授，母亲是华师的教授。

席春玲：您是在城里出生，在城里长大？

姜蕙：是，我父亲是华工的教授，搞建筑的，我母亲是华师的教授，搞近代史的。我妈一辈子在华师，我在华南师范大学长大，生活到30岁我才离开。

席春玲：去惠州之前，您从来没有接触割稻啊？

姜蕙：没有，地地道道的城市女孩，而且是在高校里长大，一天都没有离开华师，真是对农村一无所知。下乡三年接受教育，回想起来有利有弊吧。

我刚上小学一个月，“文化大革命” 就开始了。

席春玲：“文化大革命”，您父母也受到冲击？

姜蕙：搜家什么的，那一代的事，我们全部都经历过了。我刚上小学一个月，就开始 “文化大革命”。我们都还是幸运的，父母注重从小对我们人品的熏陶，教育还是比较开明吧，就是比较放手，让你锻炼，那个时候也因为 “文化大革命”，高校人员都在韶关，很远，父母丢下我自己一个人，他们在五七干校，所以我从小学四年级开始自己生活了，每个月替父母去拿工资，多少钱寄给爸爸妈妈，多少钱交电费、买饭票，多少钱请阿姨，因为我们三兄弟姐妹。

从小我在家庭里头就开始训练，碰到什么问题都是自己独立解决的，必须学会生活，生病怎么办？读书我是从来不愁，我自觉性很强，如何安排学习时间，什么时候跟小伙伴玩、什么时候吃饭睡觉，从家庭里就锻炼出来了，现在也受用一辈子。碰到什么问题，我就不会抓瞎，我总会想清楚，为什么会有这件事情，这件事情最好怎样解决，该找什么人，不用人教我，我就一整套都自己学会分析、学会思维的一个办法，锻炼出来的。

第二阶段　在机械学院，待了8年

华工师资班毕业，方向是机械制图。

姜蕙：后来考了华南理工大学机械系师资班，教学生技术，搞职业教育，我也有工科的基础，自己本身是师资班毕业，方向是机械制图，船舶制图、化工制图、电类制图，飞机的图我们都学过。

画图要求很严谨，线条的粗细、标点符号、写的字都有规定必须一丝不苟，不能错，精益求精，否则加工就麻烦了。加工的要求都是在一张图上，符号、数字、图形，没有文字，学制图很抽象，要有空间几何的想象，这些都带给我很好的训练。

原来我就认了一个“学”字，现在我就认了一个“精”字，你画线是粗一点细一点都不对的，要求很高，削笔我们都很讲究，先怎么打底，加粗，每一个箭头怎么画，写数字用什么笔，全部都有要求。

那个时候是“文化大革命”后，所有的高校教师都是青黄不接，那个时候国内很多大学办了很多师资班的，华工一口气办了政治、物理、机械等四个师资班，我就是第一届制图师资班。再后来办了化工、体育等七八个师资班，后来就没有了。

我还是很喜欢教师这一行业。

姜蕙：因为从小就受家庭气氛影响，我大概从小学五年级开始给一年级学生上课，因为那个时候老师都去“造反”去了，就把高年级学习好的学生叫出来，我就经常被叫去做小老师，所以我一直很喜欢教师这一行业，其实在很小的时候心里头就想当老师，后来报了机械师资班，想当老师也当了，加上家庭的熏陶、下乡，再加上大学专业的训练，这些几乎就打上了我一辈子怎么做人的烙印了。

席春玲：毕业后去了哪个学校当老师?

姜蕙：分配去了广东机械学院，现在属于广东工业大学。第二阶段是在机械学院，在这个地方待了8年，大学讲师职称也是在这里评下来的，入党也在那里，当了好几年系的党总支，管宣传、管学生，我觉得学校、同事对我还是很不错，我走的时候都想不让我走。

第三阶段　在顺德中专，大概8年

姜蕙：第三阶段时间从1989年到1996年，大概8年，就在顺德中专。我爱人他读了机械和计算机双学位，大学毕业就在华工留校了。他父母就他一个男孩，那时候顺德组织部想叫他回去，他学计算机的，那时候银行刚开始搞计算机管理，结果他就回了顺德。

他那儿没有大学，只能到中专教书。

姜蕙：他是广东人，普通话说得一般般，上课总觉得坑坑洼洼，也不太想当老师，家里父母又想叫他回去，刚好工商银行又给我们三房一厅，80

平方米，厨房卫生间一整套，真是顶不住这个诱惑。我们那个时候住房很小，11 平方米，没有厨房，没有卫生间，孩子都2 岁了，整个环境很不好。1987 年他先回去，我 1989 年才回去，回去后他那儿没有大学，只能到中专教书。

到了中专发展很快，小地方缺人，我教了 2 个月不到就叫我讲公开课，我一讲，全校都轰动了，都服了，图也画得好，讲课也好，很快，不到 2 年就送我去当地的党校学习，当了 2 年教务处主任，1993 年 6 月 4 日，提拔我当副校长了，招生、教学都管，又上课，反正也锻炼，这就是等于第三个阶段了。

第四阶段　筹办顺德职院，又是一个七八年

姜蕙：第四个阶段，1996 年上面找我谈话，叫我筹办顺德职院。1996 年到 2003 年这又是一个七八年时间，那个时候先调到电大，利用顺德电大（来办顺德职院）。当时，谁也不懂职业教育，我就跑到深职院找俞仲文，他手把手教我，他自己说是我大哥，我就跟他学，就筹办顺职院，一直到了 2003 年。

因为我始终忙于自己学院的事，没把正高（职称）拿下来，我一直是机械副教授，高等教育的副研究员，评正高文章我也有，但是要考计算机、考外语，我哪有时间去，结果一直没拿到正高，当个院长（没有正高职称）不是很好听，我也在那儿干了蛮长时间，三年一届，我干了两届。

立足地方，市场导向，高职为主，综合发展。

姜蕙：因为自己本身是学工科，我就很明白要培养一线的生产工人，20 多年前我就知道这么回事，所以筹办顺职院的时候，就是以对职业教育的理解来把握和引导学院的发展，原来对顺职院定位是“立足地方，市场导向，高职为主，综合发展”。

因为顺德没别的高校，所以要立足地方，是顺德政府投资的，我必须要为顺德服务；市场导向，把职业教育跟顺德产业结合起来，顺德有什么产业我就开什么专业，这就是市场导向，不一定都是工业，各行各业都有；高职为主，讲明这个学院不是不想升本，顺德职院还是要以高职为主。至于综合发展，可以跟高校合作，也要跟行业、人事部门合作搞一些培训，研究生也可以，本科也可以，需要什么我就培养什么。综合发展就是要一只手和一只眼睛向上看，另一只眼睛往下看，另一只手往下捞；一只眼睛看着市场，一只眼睛搞学问，两方面不能落下，我一直是这个观念。

学院无论开什么专业，都注重社会调研。

姜蕙：顺德职院从学校筹办开始，我就注重社会调研，到底开设什么专业，亲自去跑。顺德的多少个行业我全部摸得清楚，当初我去调研，也有二十六七个大的行业，只有两个不是制造业，一个是水厂，还有一个供电。这两个不算是制造业外，其他25个全部是制造业。最大就是设备、数控、家具、食品加工、纺织、制鞋、制药、皮革，所以不管高职中职，我全部立足以工科为主。这些行业肯定有数控，机电一体化，因为有家电行业，就会有制冷。

当时我就跟着俞仲文院长，我们想来想去，除了一般专业，我们要办出特色专业，我就把学院的人分成3～5人调研小组，分头调查。机械调查机械的，专门找了3个人去调研家具，一开始大家都不愿意跑，没有一个人愿意搞高职。你要吃饭，我报销，要车我派车，你出去我算工作量，一个学期至少出去三次，老师们开始不愿意出去，我说哪一天下午不开会，规定全部要出去，被我逼着没办法，老师们全部出去，回来不作声了。

顺德职院的家具专业是很有名的。

姜蕙：我每个月都在学院集中一次，还有系里自己悄悄安排出去了，调研一次肯定问不完的。每个组给我交一份调研报告，一次完不成，第二次悄悄出去了，第三次看我没动作，他们就说：给我报销饭钱。很自觉就出去了，当时顺职院我们教师队伍才四五十个人。

家具专业的老师一看顺德有十几公里就有几百家家具企业，然后又跑到广东省家具协会、轻工业学会，回来跟我报告广东省6 000家（家具厂家），有2 000家在顺德，产值在顺德多少多少。我就问，你们有没有到厂里去看，他们的设计人员哪儿来的？没问，就又跑出去，后来一问全部是轻工机械的，包装的，没有家具专业的。所以现在顺德职院的家居设计专业是很出名的，就是这样来的。

去美的找老总谈，跟着就开了工业设计专业。

姜蕙：美的公司在报纸上登，要成立一个工业设计中心，美的是很大的集团，1997年、1998年时我也弄不明白什么叫工业设计中心，我就自己开车跑到美的自我介绍，找他们老总谈，问什么叫工业设计，他就说自发研究电风扇、空调的外形。

我一听这个也蛮有意思，因为顺德有很多的家电企业，回去以后又派了一个老师去，紧跟着就开了工业设计专业，现在叫工业造型设计。家具设计专业是从工业设计分出来的，家具专业慢慢分了广告、园林设计等专业，渐渐把一个设计学院办起来了，现在是一个岗位群。后来到了教育局，（管中职）我觉得轻松得不得了。

什么岗位缺人，我就来办。

姜蕙：制冷也一定要有，有一个副院长是学制冷的，好那就办一个。

老师们调研回来，发现没有管理人员，就办一个酒店管理，酒店管理也是我叫办的。

去医院一问，大家都不愿意当护士，就办了一个高级护理，因为（顺德）已有一所卫校，要有区别。

我就是这样一个个专业调研，什么岗位缺人，我就来办。

第五阶段　调到顺德教育局，也是10个年头

姜蕙：2004年我被调到顺德教育局，中间有一年是在党校，做副校长挂职锻炼，到2013年退休，也是10个年头。我一辈子就这样了，一直都在职教。回过头来看看，教育局那时候是我最卖力的。

高职我都搞过了，中职就很容易。

姜蕙：七八年的大学，又教了七八年的中职，七八年的高职院，回过头来，这三个七八年就让我积累了很多经验，所以到了教育局管中职，高职我都搞过了，中职对我而言就很容易。

到了教育局，（发现）各个中职学校都是机电，都有汽车维修，都有会计，我也是花了一个多月的时间，全部拉到清远，我讲了整整一个下午，我就把我的思路展开了，每一个学校都必须办一个特色专业。因为我不是按照大学的学科，我要培养的是动手技能型人才。

从我去的2004年开始评选骨干专业，每个学校都要有一个，你也可以办一个特色专业，好好制定专业计划，每年至少办一到三个实训室，首先围绕骨干专业，先把专业搞起来，教师队伍搞起来。所以，我一去那年就找了广工大协助，把教师培养、骨干专业、实训室都一起搞，所以比较顺利。

我也到每个镇的学校去，梁銶琚中职学校原来的特色专业是数控，后来我让它办烹饪专业。顺德中专因为它是农业学校的底子，就办汽车维修、电类电工电梯，我曾经在那儿工作了七八年，让他把这两个专业搞起来。

后来搞了一个酒店管理，也是顺德中专学校的品牌专业。这也是我们家附近有一个大工地，（挖得有）地下两三层楼那么深，我就跑去跟工地的工头聊天，他说这里要盖一个新世界香港酒店，我一听这么大的酒店肯定要

酒店管理（人才）。我这个人比较敏感，很好奇、很爱问，后来跟其他校长一讲，很快就把这个专业搞起来了，去天津要了两个老师。我一个人都不认识，我胆子也大，自己跑到花园酒店，把两个老师送到那里锻炼了半年，回来就当老师；大学毕业生就送去实习，回去就搞。我就是这种精神，看社会，看报纸，观察行业。

手把手教校长做调研

姜蕙：有几个校长上任后很苦恼，他说我浑身是劲，但不知怎么做。我就把他们三个校长找过来开了整整一个上午会，叫他们调研。那时候看报纸上说广州南站在陈村建，火车站要管理人员。三个校长立刻去调研，顿开茅塞，就跟我讲要办物流专业。三个校长跑到上海，回来给镇里写了报告要钱，结果就花了1 000多万盖了一栋楼，又搞了900万买了设备，这个学校就定位在一个机械加工专业，再一个是物流专业。

龙江（镇）那么多卖家具的，龙江职校没有家具专业，然后就开设家具设计、家具工艺，会计专业慢慢延伸到家具类会计，英语向英语销售延伸。他们现在家具专业搞得很好，拿了很多奖，你下去调研就会知道，这些全部是我2004年上来才搞的。

乐从镇想打造商贸重镇，差不多家家户户都爱开公司做老板，儿子女儿读书，培养第二代的老板，结果就做了个小老板专业，名字不好听，就叫了商贸实用技术。原来开了金融、文秘专业，我说不行，都是这样，我一个个启发，他说不知道怎么搞，我说你去调研，回来我给你分析。

调研的校长回来后，叫我去开会，他们都喊我：蕙局，真的从你那儿学到很多东西，以前我们的调研都是马马虎虎，水过鸭背，你告诉我们要怎么调研，怎么写提纲，找哪些行业。这些我都是手把手教的，搞完以后，才发现自己要学调研，他们现在全部是这样搞，搞了物流专业，开了“小老板”专业，火爆了，孩子高兴，家长也高兴。

“小老板”专业火爆了

姜蕙：专业课程内容你要分析，当老板要学会谈判，怎么签订合同，合同的项目制定要包括哪些内容，要会开车，懂心理学，不同的地理环境对生意有什么影响，要学个经济地理，这加起来就够你学的，还有基础课，最好学学广告，唱歌跳舞得学一点，出来应酬总要一点的，最后我就让他们去请教授过来，一起搞改革，完全按照实际该学什么，自己来制定。

结果第一届报名就爆棚了，计划第一届招50个人，结果报了很多人，不够高的不要，矮的不要，把学校的小卖部承包给他们，后来又盖一栋楼，分了十几间教室给他们，学生喜欢，自己订货，自己去进货，去做账，去销售，营利自己弄，怎么上保险，怎么交税，怎么去调研，全部自己搞定。学生又学开车就搞汽车培训学校。怎么打交道，怎么签合同，这些都跟心理学有联系，结果这个专业成了这个学校的品牌。

学校也搞了公司到社会来接单。

姜蕙：动漫、计算机专业是胡锦超职校和容桂职校的特色专业，计算机老师多，他们在重庆竞赛拿了第一名，刚好省教育厅高中职处要找一些人帮忙设计软件，那时候厅里我也比较熟悉，我就介绍他们学校帮厅设计软件。后来，学校也搞了个公司到社会来接单、进行广告设计。我都是按照这个学校所在镇的产业，一个个去跑，每个学校骨干专业、特色专业全部都搞出来了。

大良镇有顺德中专和梁銶琚职校两个中职，他说我搞什么好啊？我一看它有一个化工专业，我说你这个只能是特色专业，后来他就照搬大专搞了电子商务专业，我说：不行，你得改！他们最后就是按照淘宝网实战练习的。还有一个美容美发专业是我引导他们开设的，他们电商专业又拿了省厅250万经费做试点。为什么我们敢申请试点，每个学校哪个专业好我心里有数，引导他们怎么做调研，教学改革也完全是从实际出发编课程。

顺德中职的这些校长全部都领悟到了。

姜蕙：现在的校长各个都上路了，不需要教育局，我就很放心。顺德中职的这些校长全部都领悟到了，我都很放心。

幸好我那时候把那帮校长带出来了，后来国家和省级示范校评估验收，我才真正在广东省里走，看来看去，发现有明显的差距。现在很多地方的校长，包括我最近帮忙做规划的学校的那些校长，我觉得他们对职业教育的真谛不理解，还当是行政命令，觉得就维持这个学校招到生，不出事故，上点实践课、理论课，考个证。就这种出发点去搞职业教育，还不是很自觉的那种，从职业教育本身那种最根本的要求出发，发自内心地去推动改革的很少。

席春玲：校长的培训也很重要啊。

姜蕙：我们现在的校长对目前的职业教育的形势、政策的要求认识还很不到位，因为12月初应GM教育局之邀，我去搞了一个讲座培训，讲完之后跟校长交谈，我发现他们几乎还是处于一种怎么去完成手里头的工作、怎么摆好自己的位置的状态，对职业教育内在的联系，建立现代职教体系，推动整个中国的教育改革等的理解基本上看不到，也不知道现在中职将要怎么走。

我去调研，校长们还在跟我诉苦：哎呀，这工厂不肯接受学生实习，或者学生工作超过8小时，怎么办？纠缠于这种很小的问题，这都是我们十几年前碰到的问题，他们还是跟普通高中一样，自己闷在学校里头。那种要走出去的意识，要跟企业合作，要为社会服务方面，全部还停留在口头上。这些校长们是没跟上。

向黎子流学习，引导改革。

席春玲：我就在想，是不是顺德本地的思想与其他地方有点不同？

姜蕙：是有点不同，我也想过这个问题。我们原来有个老领导黎子流，做了很多很好的改革，但是有一点大家没注意，他这个人比较开放，他很乐意接受新的做法，他不会限制人家，不许学这个，不许做那个，我跟他也认识，他也把他写的书送过给我，我们一起吃饭沟通交流，他就讲怎么引导顺德改革。

20世纪70年代初，他刚当上县长县委书记，他去香港探亲时看电视新闻，发现香港原来是这样子讨论问题的，不像我们的新闻讲领导接见。回来后，他自己还想看，他就搞鱼骨天线，他就开放给大家看，看看人家怎么讨论问题：为什么的士站要固定在一个地方，不能随便停？为什么空调滴水有声音，要有管子？看人家那些讨论，原来人家是这样讨论问题的，人家讲道理，他就学人家。

我深受启发，自己也这样子做。我说：领导大胆去做，想不明白的、怕做错的，找我，我给你把把方向，但是你一定要走出去，多听多看多问，不要把自己关在办公室里，现在所有校长都接受了我这种观点，他们都养成这个习惯，习惯调研，喜欢倾听企业行业心声，喜欢和当地老板打交道。不像普通高中，一进办公室就不出去。我们职校的校长很有活力，不会觉得低人一等。

在我们那儿，中职校长腰杆更硬，说起话来更大声。

姜蕙：2006年全部中职学校都是省重点了，而普通高中19个中才有4个是省一级学校，大部分都没有。中职的校长包里有钱，他们搞社会培训，买单的都是中职校长，普通高中校长哪有什么？在我们那儿，中职校长腰杆更硬，腰板更直，说起话来更大声。

开会的时候，13所中职学校轮流参观，轮流给大家管中饭，这也逼着学校轮流开放，每个学期轮着搞。你都开什么课，其他12个学校全部都来看，因为我们没有高考压力，大家都像兄弟姐妹，不存在钩心斗角，互相攻击。我们考上哪儿无所谓，我从不搞投标，不搞统考；不要讲理论，你不要讲电路原理是什么，但是你知道电阻是干啥的，电熔是什么，你不要接错就行了。大家都没考试压力，但是技能竞赛我一定参加。

职业教育绝对不能关门办学。

姜蕙：现在这些校长各个对我都很好，我很少给压力他们，都是鼓励为主，只要在厅里拿了二三等奖，我就拼命表扬他。校长们都是想办法要给校内加点彩，开会的时候好看。我就是这样子搞的，教育部有什么培训，这次安排这个，下次那个，校长也要让他出去。现在校长都很自觉，就是这样慢慢锻炼出来了，知道和当地镇的领导搞好关系，盖楼要经费了，搞好关系就很容易解决问题。

走出去以后，校长们发现企业里头原来是有这些岗位的，他希望我怎么合作，他用工紧张，我把整个班给它，两个星期回来，他们给一些报酬，我们就发给学生当实习工资，然后我们再补回那些课程。职业教育绝对不能关门办学。有些学校没活力，他根本没有办学思路意识，到现在还没转变过来。

十年前，学校还处于改变硬件条件的状态。

席春玲：您感觉2004年以前的顺德中职和现在有什么不同？

姜蕙：2004年以前还处在一个想办法改变学校硬件条件的阶段，以前学校都是农村初级中学，破破烂烂的，设备很少，教师很少，专业课老师很少，年龄大，不懂技术，这些问题都有。我亲自出马到一个个镇去给镇长讲，给他们新建一个学校。

顺德中职学校基本上都是2002年以后陆陆续续新建的，像勒流职校是全新的，顺德中专都是新建的，我去的时候13个学校有两个国家重点，三四个是省级重点，其他什么都不是，也是很破烂，比现在很多中职学校的条件还差。

我去了之后就抓内涵，也抓硬件，我到了教育局，是分管职业教育的副局长，但是教研我也是自己设计，想到了就布置下去，下面的人具体落实。

席春玲：您是从高校到高职，背景是工科，对您指导中职教育很有帮助吧？

姜蕙：我在高职院是一把手，从申请办校到开什么专业，教师引进，整个调研、考级，新校园全部是我搞起来，全新的高职我搞的定，中职我比较轻松就能搞得定。

席春玲：一种是专业能力，一种是自觉，您这个很难得。很难有教育局主管领导像您抓得那么细，像教研员，手把手教他们开什么专业。

姜蕙：我也亲自去做。省级重点中职学校评估、国家重点中职学校评估的这些专家，走了全省那么多地方，真正是专家型的教育局的领导，他们就讲是我。我自己也当了二十几年老师，在高职上了两年课，领导说，你就不要上课了，因为经常出差，我老要调课。

二、关于职业教育的思考

席春玲：您筹建顺德职院时候的专业选择、专业建设，还有您有8～9年时间在区教育局管中职，关于学校专业发展和当地企业、经济结合方面肯定有很多思考，就是这些方面，请谈谈您自己的思考和看法。

姜蕙：搞了一辈子的教育，1982年到现在快40年，我觉得我们搞教育的人大致分为三大类，第一类是教育的行政领导，第二类是像你这样的教育研究、理论研究的专家，还有第三类是实践操作者，学校里的老师、校长。我自己算哪一类？我想了很久，还是以实践的居多，我学习完了以后，我要把它转变成能够操作的，我还是偏多行政研究。

因为从小受家庭环境的影响，白天工作，晚上看书学习文件、理解文件。我们在县区的教育部门工作，公务员分了好多级，自己是最底层的行政领导，手里头有丁点的权力，所以我主要还是实践者。

前面20年，我是一线老师。

姜蕙：因为前面20年我是一线老师，我知道怎么上课，也了解老师的心态，我现在坐到了这个行政位置，位置决定脑袋，文件学习是我一个重要的活，我在小小的顺德里头分管一块，我的角色是实务。除了理论学习外，我特别关注教育部、省教育厅这两级，国内外什么都看，碰到什么问题就找什么资料来看。

职业教育我并不是一开始就像现在这样钻研，那时候哪有什么职业教育？在广东工业大学当老师，在顺德进了一个中专学校，一直到现在分管职业教育，回过头看自己是一辈子无意识就走了一条路，开始只是想当一个老师，好老师而已，后来有点学非所用，从事教育管理。

如果叫应用技术学院的话，我想更多人乐意接受。

姜蕙：我在清华做访问学者的时候，看了好多书，就感觉到怎么会把职业教育冠在某一类学校的头上呢？20世纪90年代，参加教育部高职高专人才培养工作年会，我是在理论组，会议总共分成四个组：实践组、理论组、教材组、评估组（高职高专评价的一套标准，搞得不错的）。

我在理论组当秘书，给七八个老师做记录，大家都在讨论这个名字不应该只放在高职院，但有人不肯，回想起来，叫应用学院比较客观，不一定技术学院。

职业教育名字影响还是很大，让人家一听就不太爱听，跟那个手工操作都连在一起，就给人一种层次不高。如果叫应用技术学院的话，我想更多人乐意接受。

职业教育搞了这么久，我最欣赏黄炎培的“使无业者有业，使有业者乐业”，他把本质讲出来了，他讲得很透彻。

职业教育还是跟工业发展相关，顺德是非常明显的。

姜蕙：搞职业教育受到一定条件的约束，顺德是非常明显的。我回过头看看，江苏、广东、福建、山东的职业教育还不错，但是再往内地看看，像陕西、河南、广西、云南，这些地方职业教育就不怎样，这还是跟工业发展程度相关。顺德这么小的地方，居然还能办13所职业学校，而且每一所都是一两千人，甚至是三四千人。

这跟顺德制造业发达有关系，所以我也不太赞成国家通过行政命令来全部都搞职业教育，因为作为行政命令来搞教育的话，最后是一种浪费。没企业，毕业就失业。

广东搞“双转移”，当时教育厅叫我搞试点，我们主要跟清远合作，为顺德提供了很多劳动力，（他们）赚了很多工资，帮助家里脱贫，效果真的不错，这只是点对点。我觉得这比到清远投资办学好，职业教育要客观点，分区域来发展，不应该一刀切，我有这样一个感觉。我自己在分管职业教育的时候，看书多了，像黄炎培的，陶行知的，参与教育理论研究的机会也多一点。

要抓住校长，一把手很重要，校长要洗脑。

席春玲：我们也有去那些地方调研，校长们提出都是问题，我跟他接触只有一两次，我真想帮他，但是不知道怎么帮他。

姜蕙：我觉得如果是这样的思想去做职业教育的话，不行的。现在有些校长，教育局说什么我就干什么，没有自觉性，都是被动。表面上看都是按部就班做职业教育，我觉得他们认识上跟不上。

席春玲：一个是认识跟不上，还有一个是岗位轮换也很频繁。可能过上一段时间就更换一个岗位，他可能无心去做。而您领导了他们8年，抓得很细。

姜蕙：现在很麻烦，顶多做两届又得换了，刚刚进入状态又得换。在顺德做职业教育，会觉得比较好玩，所以普通教育可以经常换校长，但是中职很多年才换一两个。有一个是因病，有副校长跟上，问题不大，他本身一直在做。他们几个校长很团结，都很不错，有头脑，执行力蛮好的，但是15年起码要换4个校长，都要退休了。

席春玲：新过来的校长是从其他学校调过来的？

姜蕙：基本上是普教过来的，有的地方把镇长拿过来当校长，有很多这样的怪事情，但是没办法，因为行政管理的东西我们插不上话。

中职校长培训靠地市，这样才能抓得实

姜蕙：有很多校长搞教育傻乎乎的，跟领导搞好关系保住位子，根本不关心职业教育的内涵发展，对于有什么要求不了解，那种内心的自觉性不够。学校一定要跟企业紧密结合，现在我们的校长敏感性不够，半路出来当职校校长，还是以前普教的办学方式，应该把这批校长集中一两天洗洗脑子，要有人拉，有人后面推，要有人干这个活，把他们调动起来。中职校长培训要靠地级市，这样才能抓得实。

席春玲：他们才是火种，是最关键的人。

姜蕙：尽管有这一批示范校，广东省有四五百所中职学校，示范校也就是三十几所。示范校的校长也要给讲讲，厅领导讲，专家讲政策形势，特别要讲讲体制的改革，鼓励学校一定要走出去，主动跟企业合作，要走出去做社会调查。

席春玲：校长入职培训很重要，学校里面如果把核心任务抓住，这盘水就搅活了。

姜蕙：要是把校长抓过来，我们厅里再搞信息化建设、教学评估，你要支持，校长就明白接下来要做什么。你不抓校长，校长不支持。现在的气氛是一把手做了，副手基本上都会跟上。

一把手要亲自来上课，就是要他了解形势，踏实带领整个学校前进，关键是要洗脑。也不要太长，一两天，放在高职院都行，不一定放在广州，你潮汕放在潮汕职院，可以分期。给每个地方的几百人讲政策，如何跟行业企业对接，如何做专业调研与专业建设，如何做合格评估。厅领导讲话，第一批、第二批示范校长每人一个专题，讲他们怎么带领学校去做事、怎么管理学校。把各地管教育的副局长也搞过来，一次一个地方搞，这个很重要，校长脑子要清醒。

席春玲：现在的老师有培训吗？

姜蕙：培训都有点走形式，哪怕是国培的，都有点走形式了，完全是应付。

访谈后记

想访谈姜蕙副局长的想法始于2013年年末，有一次蕙局邀请我和一位同事去看他们家盖的小楼，在她家里喝茶聊天，听她讲了很多关于顺德职业教育的故事。

出于专业的敏感性，我觉得她的很多经验非常宝贵，非常适合中国实际，所以在当时我除了听，也没敢提问太多，怕她这次随便聊天的时候讲得太细，下次访谈的时候，就会略讲，因为人太熟悉了，我做过的事情都告诉过你了，她会觉得没有必要再讲一遍，所以，直到我做好了各种准备，带了录音笔的时候再细细问，听她细细地聊。

蕙局，从小在广州市的大学校园里成长，她成为顺德人是因为嫁给了顺德的先生。她把自己在大学打好的专业基础，结合到顺德大胆务实肯干的实践中去，产生了非凡的教育效果，也为顺德高职、中职教育的健康快速发展奠定了基础。她是顺德教育的一个典型代表，待人真诚，思想开放，踏实肯干，做事从实际出发，学习借鉴，积极实践，大胆创新，教育服务意识强。

顺德的职业教育在整个中国都是比较独特的，中职学校每个镇一所，规模都在两三千人，社会和家长都比较认同职业教育，在顺德，没有人觉得上职业学校会低人一等，他们很实在，觉得和自己将来要干的事情有关的专业就去学，不太在乎一些流行但未必正确的社会观点。顺德本地人实在，每个人都在认真地做自己，很多考上北大清华的顺德人，大学毕业后更愿意回到家乡，做自己喜欢做的事情。

顺德制造业发达，经济活跃，几乎每个镇的经济都比较均衡，他们生产的日用品在我们日常生活中随时可以见到，他们的经济是实体经济，是与老百姓日常生活息息相关的日用品，从空调、电风扇、床上用品，到家具、建材、涂料等，和人们日常生活相关的各种产品几乎在顺德都可以找到生产厂家。

顺德的经济是健康的，没有太多虚高的成分；顺德的职业教育是实实在在的，为所在乡镇经济发展服务的思想是渗透在骨子里的，他们的校长是本地人，对自己的家乡有一份骄傲的认同感。如果每个地方都像顺德这样扎扎实实搞经济，认认真真做职业教育，经济就会持续发展，职业教育也会良性发展。因为二者之间存在着相辅相成的关系。

姜蕙副局长是顺德职业教育人的代表，踏踏实实，认认真真，有水平，有能力，是当之无愧的岭南职教名家。

困境中突围的领头雁：叶小明院长

访谈对象：广东轻工职业技术学院　叶小明院长
访谈者：席春玲
时间：2015年3月31日
地点：广东轻工职业技术学院办公楼3楼院长办公室

一、我的学术学历背景

席春玲：叶院长，您好！我一直觉得广东本土职业教育值得深度挖掘。您从事职业教育几十年了，想听听您对职业教育的见解和看法。访谈提纲就是您的工作背景、工作经历对您现在从事的高职可能的影响，您的工科背景也会有影响。还有，您是实践派的，在做的过程中有哪些思考以及具体做法？就您对理论方面的思考，您觉得高职发展存在什么问题？以您个人独特的眼光看，您觉得方向会在哪里？还有哪些不足？还有您评上教授后还去读博士，您的想法是什么？广东民办高职很愿意邀请你们这些资深的院长，很早就来预约，您有没有这方面的计划打算？大致就是这个思路。

叶小明：我以前在武汉河运交通学校，当时是交通部部属学校。广州航海交通学校也属于交通部的，所以是交通部任命我为广州航海交通学校的副校长。这么多年一直搞这个。

我大学本科专业是内燃机。

叶小明：我在高职学校工作的时间比较长，工科背景，我大学本科专业是内燃机，船舶内燃机的，1993年交通部就把我调到广州，任广州航海专科学校的副校长。为什么把我调过来呢？因为这个学校原来是中专，转成高职，学校底子薄一点，我在航海专科学校分管过很多工作：教学、学生、科技，我就没有管过财务和后勤。那个时候从事管理工作比较多，就想学习一下，所以1995年我就到华南理工大学读了MBA。

在华工读了 MBA。

叶小明：当时是有考试的，有学位有学历的，我当时考进去就读了3年，1998年毕业，我又管教学，那个学校又办了一些文科专业，国际贸易、航运管理，我就上管理类的课程，没有上工科类的课程了，转了向，在航海专科学校的传统专业的师资很强，弱的方面我就自己学习一下，来上这方面的课。

广东轻工职业技术学院以前是归国家轻工部管的，1999年下放给广东省；航海专科学校原是交通部管，1999年下放给广东省管，2002年省里边就把我从航海专科学校调到广东轻工职业技术学院，同一年评了研究员，就是正高职称了。2003年让我当校长，之前是管教学的副校长，当了校长是一个全新的工作，它不是分管某部分工作，而是全面的。

去华中科技大学读了教育管理专业博士。

叶小明：自己也想在工作之余提高自己的教育管理水平，这个时候华中科技大学有教育学博士班，侧重高等教育研究的，面向高校的领导招生的，我看到这个机会就去报了个名。它要求的条件是硕士学位、学校领导，而且要求获得省级以上的二等奖才录取你。我符合这个条件，就报了个名，当时也有面试。我是2005年去华中科技大学读的博士，2008年就拿到博士学位，我在我们班是比较早拿到博士学位的。

工科、商科和教育学背景，对我工作是很有帮助的。

叶小明：我不可能成为某一个领域或专业的专家，我搞内燃机，也没搞不下去；搞 MBA 半路出家，（我）不可能在某个领域里很专、很有成就。当了校长，就想怎么把校长当好。学这个博士是有利于当好这个校长的，教育学是有利于教育管理、教育研究的，最后我选了教育管理专业，（研究）方向是高等职业教育。我到最后才厘清我要干什么方向，我在理论上不可能有很高深的研究和造诣。毕竟我以前不是这个背景，本科也好，硕士也好，都不是学这个。由于这个复杂的学历背景，成了一个万金油，这个万金油对我工作实践是有帮助的。

我工科背景也有，文科背景也有，而且我有教育学的背景，对我从事这个工作是很有帮助的，但要我成为某个领域资深的专家，这是有困难的，所以这里有一个定位。我是高等教育里面的实践者、践行者。如果说我成功的话，那我是一个成功的践行者。虽然我进行了理论的探讨和研究，但这是远远不够，很多东西是没有总结的，没有提升的，这是我的学历背景造成了我在高等教育领域的研究并不是太深，理论的功底不太强，所以还有很多需要总结、提炼的东西没有提炼。

这对我来说是一个遗憾，但是外面的人看我们已经非常成功了。实践是大家已经公认的，那么我们的理论研究也获得很多奖，书也写了好几本，文章也发了很多，但是我个人觉得是不够的。作为轻工学院的领军人物，学术方面的造诣很欠缺，造成了我们现在理论的提升不够，这是我对我整个学历背景的理解。

二、广东轻工职院实践成功的四个支撑

叶小明：我们的实践很成功，在广东省甚至在全国都得到公认，这个不是几句话能说清楚的，需要很多东西来支撑。我想从面上的支撑有几个论据：

我们是全国一百强。

叶小明：首先，我们是国家示范性院校，全国100所，我们是全国一百强。我们在验收的时候是“优秀”等级，验收“优秀”的比例是30%，这是我说的第一个支撑。

综合实力排名全国第四。

叶小明：第二个支撑，是中国职教协会还是中国高等教育协会有一个课题研究是有关全国100所示范性高职院校综合实力排名，这个课题好像是邯郸职业技术学校做的，我们不知道他们在搞这个课题研究，他们搞的评价系统，广东轻工职院排名全国第四。他们都不相信，（因为）他们不认识这个学校。我们广东省这些学校，深圳（职院）、番禺（职院）、顺德职院都比我们有名气，人家都没听说过广东轻工（职院）。到现在慢慢地全国才认识，以前都不知道我们。

这是因为这个学校长期处于一个非常困难的时期，资金方面就是捉襟见肘的那种情况，两个灯管，我们都要关掉一个。你说我们穷困到什么程度？我们从来没有承办过全国一级会议；全省的（会议）除了教育厅一定要在我们那里开，其他的都没有了，在2010年以前，我记得没有开过这种会议。深圳（职院）、顺德（职院）年年开，名气特别大。

我们强调的是岭南文化的传承务实，广东人是很务实的。既然务实，我们不要求在全国的名气大，我们要做实实在在的，真正的实力在全国领先，而不仅是名气在全国领先，这是我们一贯的指导思想。

我们是逐步地被全国认可的，我们是一步一步走，而且是大家都公认的学校。这个学校是靠自己努力奋斗，在很艰苦的情况下自己创业走出来的，这是代表中国高职的精神。有些学校很有钱，很多外省学校不敢跟我们比，他们都觉得你这个学校都是用钱堆起来的，如果我有钱，我也干得很好。但（我们）没有钱，是干出来的。

2010 年时，学校成为广东高职教育领域的旗帜。

叶小明：第三个支撑，是学校各个方面的比较，2006 年以前，广东省教育厅把我们排到交通、水利水电、农工商（等职院）之后。从 2007 年开始，他们发现这个学校很厉害，开始慢慢地关注这个学校，（虽然）没有怎么支持我们，但是它开始关注，我们为什么会被关注？这是我们做出来的成绩。我们各个方面都做出了成绩来，它不承认都不行了。

2009—2010 年全省教育工作会议，宋海副省长在会议上讲，广东轻工职业技术学院是广东高职教育领域的旗帜。很多兄弟学校都会祝福，我有个民间称呼“叶老大”，以前就是江湖老大，现在是官方地位，他们笑我。这个学校从 2010 年就领先于广东其他高职学校，在广东处于领先的地位。我个人认为广东的高等职业教育在全国排名前三。

广东的高职教育是不错的，广东的本科教育一般般，广东省“有心栽花花不开，无意插柳柳成荫”，花了很多钱给本科，它要办一流大学，总是比不上人家，广东省的高职排名是很靠前的，而恰恰我们广东省不重视高职教育，没给（高职）什么钱，广东省的中职都比我们有钱。广东省的本科是重点支持，广东把职业教育的钱基本上都给了中职，高职基本上没人管。因为高职属于高教处管，高教处的钱全部给本科了，中职处的钱我们用不了，他们给不了我们，它得给中职。这是我第三个支撑。

连续 10 年是广东省专科录取线的最高分。

叶小明：第四个支撑，我们已经连续 10 年是广东省专科录取线的最高分。这个最高分，我不敢那么说，可能有时候我们文科最高，有时候理科低人家几分。如果说文科哪个学校比我们的分数高，绝对是那个学校招的人数比较少。比如说，深圳（职院），它有 1 000 多人在深圳招，只有 200 人在全省招，它的分数肯定比我们高，但也不是每年，而我们要在广东招 6 000 人。在这种情况下，我能保持 10 年领先。（如果）我们招收 600 人，至少有 1 800 人第一志愿报我们学校，至少是 1∶3 的比例。

有些学校，今年招得好，明年就不行。有些还打电话过来问我：老叶，你们那里今年是不是不好，我们今年第一批还差 1 000 多个档案，是不是有大年小年？我说：我们没有，我们都是大年，我们没有小年，这是招生。我们的招生从来没有去宣传，社会都认可你。社会为什么认可你？就是你培养的学生受到欢迎，就是来到这个学校不存在就业问题，而且就业质量相对高，人家等着要我们的学生，去了以后待遇还比人家的好一点，我们学生的素质高。

深圳职院有一句话：低进高出，他们的学生200、300分进来了，他们高出。我的口号是：高进高出。我们的学生是500多分。我们全部是本科线的，比二本B线高出30分，没有专科线的，年年都是这样。

三、以生为本，质量立校

招生要年年好，教学是重点。

叶小明：为什么会出现这种现象？这个学校为什么能这样？这个涉及很多方面：首先说教学，教学是重点，我们很早就提出坚持职业教育方向，我上任以后就强调校企合作。我们定了一个系定一个企业，每个系都要。这个企业可以是一个生产线，也可以是一个车间，都可以。我们很早就已经开始校企合作了，这个不是说我有先进的指导理念，我们当时是被逼出来的，我们没有钱买设备，但是我们要办学，要迎接评估！你都没有设备，怎么评估得过？不是良好、优秀的问题，而是你根本就过不了。但是评估有一条，企业的也算是你的，我把你引进来，我不要你（企业）的，你把它放在这里，你可以在这里生产，但是我的老师学生要在里面实习。

虽然困难，但是我们坚持了以学生为本。

叶小明：我们虽然困难，但是我们坚持了以学生为本，我必须让学生达到这个水平。我没有设备，就让企业进来。人才培养方案制定从一开始就强调实践，就在教学大纲中增加了实践环节。学生在学校的见习时间就对企业真实的工作环境比较熟悉，有实际操作的能力，有理论又有实践，所以我们的教学改革很早就已经开始了。

开始的时候我们必须依靠企业，这恰恰是教育部提倡的职业教育方向。不知道国家当时提出来没有，但是我们那个时候就提出来了，这就是我们学校赖以生存发展的根本，就是必须跟企业合作。企业需要什么人，需要我们上什么课，我们一起商量，那个时候我们开始真正的高等职业教育的起步。我们不一定很完善，但是我们起步很早，方向正确。

我举一个例子，在2014年全国的高职教育成果评估里面，我们拿了5

个二等奖。我们组织了5项；别人组织，我们参与别人组织的合作项目有2项。我们的获奖数是全国高校第一。教育成果涵盖什么呢？涵盖着课程建设，课程建设还包括基础课程建设和专业课程建设。教学的改革、校企合作、人才培养模式的制定，这个获奖是评出来的。河南整个省才4个，我们比有些省还多，甘肃有3项。高职这一块，在全国我们教学改革是领先，这是第一个。

每个系部都要打造品牌专业。

叶小明：第二个是专业建设。因为国家示范校是以专业建设为头，在全国传统的轻工专业领域，我们是轻工类专业的领头羊。因为以前在轻工类院校我们就很强，我们还很注意专业的平衡，在专业建设方面每个系都要打造品牌专业。我们有13个系，每个系都有省级重点专业，国家级、省级专业都很多，我们很注意专业性。现在的专业我们已经有很多个已经处在全国的领先地位，只是它们没有进行（专业类的）评比。

我举个例子，我们的艺术设计系在全国的高校可以算是龙头老大，产品设计是传统的轻工专业，艺术设计学院是我们的一个二级学院有6个学部，在全国是处于领先地位的，苏州工艺美术职业技术学院是专业的学校，他们的班子到我们这里来学习，我就问他们校长，我说：你们应该在全国是处于领先的。他说："不是的，老大在你们这里。我为什么来学习，因为你们是老大。"

席春玲：我们这里能够做成全国的No.1，除了历史积淀，还有什么？

叶小明：我先说形式，新加坡南洋理工大学是一个全国（很多学校）都向他们学习的学校，这个学校唯一派老师和学生来国内学习的学校，全国只有我们一家，他们就学广告和产品设计。现在还有4个学生住在我们学校，他们每年都来我们学校，别的学校不去，就来我们这里。他说我们这里做得比他们新加坡南洋理工大学做得都好。

还有只要参加全国的比赛，我们只和"211"、"985"高校比，其他高职根本就没有能力和我们比，一般的本科院校也没有能力跟我们比。大学生工业设计大赛我们都处于领先。我们拿很多奖，有一次在深圳举办的一个全国比赛，我们拿了一半的奖。所以现在广东的本科院校和外省的学校都不敢小看我们。还有国际比赛，一般的高职是拿铜奖，我们是拿金奖，金奖是和"211"（高校）比。这就是专业建设和课程建设方面的成就。

细一点就是教学方法的研究，它（艺术设计专业）的校企合作、人才培养方案都是一流的，学生是很抢手的。企业要我们的学生都是一个团队，他们说太优秀了。我们刚刚签了一个奥飞动漫，它要在我们这里建立工作室，非常有名的，喜洋洋的动画片就是他们做的，他们经常拿奖。学生上课做的作业全部是真实项目。

席春玲：校企合作很深入。

叶小明：合作很深入。比如说，一个包装盒，企业就把这个当成项目给我们，我们就布置给学生去设计。其实企业很赚的，它出很少钱，比赛一等奖才给几百块钱，这么多学生帮他做，他选择好的拿走，就变成他的产品，学生也有成就感，这是一个专业。

我们还有很多专业，广东省级的工程研究中心我们是广东省高职里面最多的，有两个，一个是高分子质量，就是传统轻工的，这个广东省工程研究中心；还有一个是食品的，调味品工程中心，这个也是我们传统轻工的。

专业是龙头，课程是关键。

叶小明：我们说，专业是龙头，课程是关键。学生跑来干什么，主要是听你的课程，课程主要是指课程安排，理论是多少，实践是多少，顶岗实习多长时间，校内实习多长时间。我们是非常合理的，我们的基础课全国都是领先，现在很多高职都忽略了这些，很多高职都不知道怎么搞。

高职就只有3年时间，必须要自成体系，专业课要构成维度，它还是一个专科文凭，不是中专的，不是培训学院，这是我认识的高等性和职业性的两个属性，但是很多学校不重视。以前强调高等性，现在强调职业性。强调职业性没错，但是不能完全不要高等性。

一搞改革就把基础课程减少，甚至砍掉一门基础课。我们不这样做，不同的课程有不同的安排，比如高等数学，我们对不同的专业上不同的教材，安排不同的学时，我们这里是有规定的。艺术设计的不上数学，电子类的要多上，文科类的上经济数学，但是这些专业到底要上多少，我们都打包了，你叫它拿走，也不要吵，要不然系里要吵了，基础课老师想要多上一点，专业课老师又不肯，怎么取舍？这个学校层面要进行研究。这是一个理论问题，也是一个实践问题。在这个方面我们在全国是领先的。

校内实训扎扎实实，全面开花。

叶小明：我接下来说实训环节，这是一个基本保障，职业教育强调学生的实践环节，强调学生的综合实际动手能力。学生要动手，实训很重要。半年的顶岗实习，我们有一个科学的管理办法，保证学生不被放羊。校内生产实训环节，类似于校内的顶岗实习。校内的顶岗实习被学校控制的，校外的顶岗实习被企业控制的，企业把他们当劳动力使用，不是让他们去学东西，所以不可能把很多岗位让他去试。在校内实训，学校可以让你这个礼拜干这个，下个礼拜干那个。我们很重视这个。

除了校企合作的资源外，我把所有的校内资源都用在培养学生的校内生产实践能力上。比如说，把我们学校的大超市给经济系经营，这个超市的进货、出货、仓储、财务都是由学生操作，老师只做管理、控制。学生进去的第一个星期管仓储，搞清楚进货、出货。这个礼拜搞完了就把这个班换了，换去收银，之后就去搞进货，直接跟供货商谈价钱，这是真实的，不是模拟的，检验产品的真假，产品的进货、价钱。这个搞完之后去财务部做账，文科的学生都要经历这些环节。

我们的管理、电子商务专业，学校有电子商务的实训中心，这个实训中心都是学生自己全权管理，由管理系负责。我们管理系的学生，不是教他们开网店的，他们在学校不是开网店，他们学的东西就是要掌握怎么开网店，然后跟企业合作。深圳的头狼（公司），搞电子商务的，它的员工有一半都是我们的学生，公司的中层干部基本上是我们的学生。

我们有工厂，它是独立法人的，我们有制糖厂，这是个固定产品，我们是有产值的。里面还有很多机加工，我们机电系有清华学生来实习，除了这以外，我们把能给的都给系里了，比如说，校内空调维修给了汽车系，老师带学生修空调，因为汽车系有制冷专业。老师带学生（给学校）修空调，我们还给钱，学生又勤工助学又实操了。计算机系的（帮我们）修计算机，旅游系的帮忙参与管理我们的招待所，类似这些，校内的生产一线他们都参与。

学校的竞争就是师资的竞争。

叶小明：再一个就是我们的师资队伍。我们一直坚持这个，未来的竞争是人才的竞争。我们跟别的学校的竞争就是师资的竞争。所谓师资强，这个学校就好。别的东西他们可以学走，但是这个他们学不走。我们师资强，在这方面是有很多办法，我们专业带头人和骨干教师都有专门的培训方法，专业带头人一年才2 000元，一个月才200元，骨干教师也是一样。给的钱不多，但是骨干教师能够把核心课程从设计到讲完这门课，你能够实现，你能干完。

叶小明：你能把横向课题拿下来，你就是专业带头人。这个是标准，你凭什么是专业带头人？人家给你个项目（你）都搞不了。我们有很多政策培养和鼓励教师。

有校内的教师资格证才能上岗。

叶小明：先讲制度，因为学校的制度是一个杠杆，是一个指挥棒。为什么学校能够这样？它是有一个管理系统。我们的老师要考教师资格证，教育厅给你的高校教师资格证，那是必备的，但还不能上岗。你拿到那个证之后，还要拿我们校内的证。你没有，学校可以不聘你，而且你的课时薪酬就要打折。我们就迫使老师要拿这个证。

要拿这个证，教师就得到企业去。5年时间，你有2年要去企业，这样才有（教师）资格。我们不能像本科学校那样，纸上谈兵的。这个杯子，你讲了半天，我要你把它做出来，你也能够做。你做得好不好，怎么做出来的，你都搞不清楚，那你怎么讲？“珠江学者”我们学校都有，我们为什么有这么强的师资？因为我们从一开始就注意师资队伍的打造和培养提高。

叶小明：现在有人问，为什么你的师资这么强？为什么优秀老师都不走的？ 这些老师这么卖命地干活，这么认真地教学生呢？你用了什么办法？我们有一套办法，这就是我们现在说的体制机制，我认为我们学校的理念是比较先进的。

我们的办学理念：“三高一创”。

叶小明：谈到理念，我们有自己的办学思想，核心办学理念，有工作指导方针，有校训，我们自己制定的。办学理念是什么？ “三高一创”，即“高素质为本，高技能为重，高教研为导向，创新促发展”。工作指导方针：在探索中发展，在发展中规范，在规范中创新，在创新中探索。这几句话说起来很抽象。实际上，你没有经历这个过程，你无法想象我们这个方针和思想是怎么出来的，这个学校为什么会有这么好的状况，这个学校有很好的氛围。

校长就是搞一个氛围。

叶小明：有人问我：“你一句话告诉我，校长应该干什么？”我都可以说一天，你叫我说一句。我就说：校长就是搞一个氛围。天津职大的校长问我：“校长的最高境界是什么？”我说校长的最高境界是：校长说了不算，让制度说了算。大家都按制度来，你校长不能说了算。

席春玲：这个是需要胸怀，这是境界。

叶小明：他们理解的是：我老叶能够“说了算”，他才敢说“他说了不算”。当然我对学校是很有把握的，你想把方向搞偏是不行的，但是具体的小事，例如，评职称我说了不算，评项目我说了不算，评课题我说了也不算。我们是有很多制度、很多规定的。我们是教授们投票的，是很民主的，我说了不算。教授治学（这一点）教育厅是很肯定的，很民主的，氛围很好。这个学校在我接手的时候是2002年9月，教育部限制招生，就是办学条件不够，停办学校。

席春玲：我觉得这个氛围也是您2002年来到后，带领大家逐步做大、做强，逐渐形成的。

叶小明：别人都是这么说的，但是我不好意思说这是我干出来的。

席春玲：因为大家能够看出，轻工职院是广东省省属学校一班孩子中自己闯出的，得到他们认可，认为是龙头老大。

我们很困难，叶老大是干出来的。

叶小明：他们叫我“叶老大”，他们都知道我很困难很苦，他们原来都比我好。这个学校困难到什么程度呢？在2010年前这个学校的拨款方式是基数加增长，那么基数是什么，是1999年轻工部下放到广东省的时候的基数。那个时候的基数很低，那个时候整个学校才1 000多万元，下放到广东省有一个好处，每一年增长10%或15%，像这样的增长，以那个基数为基础增长。到了2010年的时候，已经到了历史最高峰了，3 800万元，不包括学费。3 800万元是全部包括了，没有专项基金。我有1.5万~1.6万的学生。你可知道生均是多少，生均2 000元左右，在全国是偏低的，比甘肃、宁夏的学校都低。历史同期，深圳市24 000元，广州市的学校没有低于1万的。（拨款）我们在全省是倒数第三。

在南海建了新校区。

叶小明：我们的困难还在哪里呢？我们在南海建了新校区，2003年看中了地，2003年搞规划设计，2004年动工。当时是1 500亩地，说是买一半送一半，就是买一亩送一亩，大概是7.5万元一亩。我跟他们谈的时候，我说不要你送，你把价钱打低就行了。3.75万一亩，买了1 000亩，我不要你送，规划是8.4亿元，要投8.4亿元建这个校区，省里给了我2个亿的贴息贷款，它给我贴利息，我要还本金，对我的支持就是这个。我本来只有生均2 000元的拨款，我还要建这个南海校区，你说我过的是什么日子？你说困不困难？但是后来省里帮我还了这2亿元。当时大学城是152亿元，非大学城还有30亿元，一起就是182亿元，就帮我一起还了。省里帮我出了2亿元，总数是8亿元，我自己要出6亿元去建这个校区，我只有2 000元的生均拨款，我还要去培养学生，我还要吃饭。

向教职工借了5 700多万元。

席春玲：那您当初提出来的时候，您那个班子有没有说，我们未来会很辛苦，有没有人会反对？

叶小明：我说了，跟我在一起就是要辛苦，但是有一条，我们的前途无限美好。不发展是不行的，这个地方（校区）没地了，你不利用新地方发展，以后就死定了。你是想以后死还是现在困难，后面活得很开心？后来我们都选了后面活得很开心，大家都很支持，在这么困难的时候，2005 年的时候全国都不借钱给高校，我们2003 年、2004 年还可以借到钱，没有人管我们，我们直接找银行。你有本事借到是你的事情。银行来做风险评估，我们是直接找银行借钱。2005 年的时候不行了，要通过财政厅批准才可以借钱，银行把大学列入黑名单，说我们大部分（学校）是还不起的，2005 年我们就借不到钱了，但是房子建了一半，没钱。我向教职工内部借钱，但是内部借钱也不能违法。我是通过银行、教职工、学校三个方面筹钱，教职工把钱存到银行，银行把钱借给我们。我们把利息付给银行，银行把利息给教职工，我们向教职工借了5 700 多万元。

教职工帮我们渡过这个难关。

席春玲：老师们也很支持、理解的。

叶小明：你想想，在这么困难的情况下，我开了一个全校大会，有一个动员讲话，要借钱，我要求所有的党员要支持，所有的中层干部必须要借。你不借，就不要当干部了。

席春玲：有数额限制吗？

叶小明：我们是5 万元起步。这是银行计算的。如果你不愿意借5 万元，你就不愿意跟学校共存亡！你就不爱这个学校！为什么跟你们借钱，我还得还高额的利息，我说这是福利，外面人说借钱给我我都不要。这些教职工帮我们渡过这个难关。2006 年广东省新校区绩效评价，是广东省财政厅和教育厅一起做的评价，我们是全省第一。就是我们建新校区，花的钱少，做的事多。有了新校区后，学校就变大了，招生数就增加了。

在招生数增加的情况下，怎么保证教学质量，这就是我们说的内涵建设：一手抓规模，一手抓内涵建设。我们就是要做大做强，但在不能同时兼顾的情况下，我们先把它做大，我们是辩证唯物主义者，先把规模搞上去，因为我们要还钱，没有规模是还不了钱的，同时我跟他们说，我们必须把质量搞上去。

四、学院的扁平化管理

叶小明：这里我们有一套办法机制，落实到制度，第一个就是调动中层干部，中层干部没有积极性，我这个校长也没办法，我就用系部目标考核他们，这个考核是有奖有罚的，让中层能发挥他们的聪明才智。系主任的组织能力是考核能否优秀的主要依据，考核指标很多很细：双师资格证书的老师达到多少，拿到资格证书的老师是多少，硕士学位的老师占比例多少，很多条件，有一级指标、二级指标、三级指标。处级干部也有一个考核制度。

把权力下放，经费切块。

叶小明：我们还有一个管理制度，就是把权力下放，经费切块。比如说机电系，我们按学生数把学生学费的27%切给他们系部，给他们干什么？第一，所有的教学酬金都要从这里出，所有在你们这个系里上课都发酬金，体育老师上课也要领这个钱，外语老师在这里上课也要给钱，钱在你这里了，你负责开支你们系的课酬。第二，还有你们系的日常开销，不要找学校了，你们要出差，添一些日常办公家具，都在这里面，也不要来找我。这个钱切下去，对他们来说，这个钱不多，但这是对他们的肯定，他一支笔（签字）。财务在学校，但是账是他们的，在他们这个范围里面，系主任签字有效，不要我签，出差出国都可以签，所以我们学校中层干部的权力在全省高职院校应该是最大的了，它的权力很大，有财权、人事权。我们核定这个系的编制多少，要不要人？他们来面试；要什么人？他们定，他们提方案，他有一定的人事权，他有积极性，他会帮我把关。你这个老师上课多少，想多拿钱是不可能的，系主任把钱算清楚了。

原来是教务处给钱，每个系主任都跑到教务处来要钱，拿回去大家分，教务处只是审核你的总学时。老师跟系主任吵，又不跟教务处吵。他们感觉很好，我跟他们说，你们都是独立的军团，如果都独立出去，你们每个人都是站在我校长的位置，我是站在中大学校长的位置来考虑问题。我说，我们高职不能搞那么多层次，我调动你（中层）的积极性，中层你要充分调动下面的积极性。要调动全体教授的积极性就要想办法，那是你的事情，我已经把你们（的积极性）调动了。

层级多了，当官的人多了，真正关心学生的人就少了。

席春玲：我就在想，您这个管理跟您读的MBA有没有关系？

叶小明：我不敢说有什么直接的关系，但是MBA里面有很多扁平化的管理。我的理念是反对层级制度，很多学校搞二级学院，我都在反对。你搞二级学院可以，但是你不能在二级学院下面又搞系，多一个层次。

这个机构的合不合理，取决于这个机构的人才培养方案的有效实施，你制定了一个人才培养方案，为这个人才培养方案服务的人越多，体制越合理；越少越不合理。你层级多，当官的人多了，真正关心学生的人就少了。

我这个扁平化制度，我就让你们直接参与到学生的管理中去。从顶层设计上扁平，我就是这种思想。在调动积极性上，我已经调动了中层积极性。

教研室主任的积极性也调动了。

叶小明：第二个，教研室主任的积极性我也调动了。教研室主任不是什么职务，我2003年当校长的时候，看上去没有什么级别，但是人才培养方案的大部分实施执行是他们，课程是他们搞的，包括实训都是他们安排的。结果他们根本就不理这个事情，干完就没事了。教研室主任应该在这个过程中承担重要的责任。

教研室主任第一要管专业建设，有些教研室本身就是一个专业，有些教研室有好几个专业。第二要管课程的设计，包括人才培养方案要负责。第三要管学生的实习实训。第四老师的培养提高也要负责。老师要提高，老师不到企业去，你就要派他们去。第五学生的就业要负责，学生的就业你不管，你只上课，不管就业，你这个专业的学生都走不出去了，你这个教研室也没有必要存在，你能不关心吗？

学生的就业直接影响你们教研室的生存。你要我们管那么多，我们不干了，全校很多人都说不干了。2003年的时候，我就问他们说，教研室主任每个月补贴多少钱？他们说70元一个月，我就在这里宣布加一个“0”，一个月700元，其他的不少，干不干？全场鸦雀无声，没有人说不干，我说谁不干的站起来，都愿意干。我说既然你们愿意干，那就干好。后来我们起草文件的时候，我们是这样写的，是600～900元。有些教研室大，有几个专业，这个叫专业教研室，不是基础教研室，给多少是系主任自己定，系主任有权。这样，学校一下子多了70个人（来）管学生就业。管学生就业这支力量，我们比很多学校都大。

席春玲：他们是从专业的角度思考就业，比年轻的辅导员厉害多了。

教师工作量＝教学工作量＋非教学工作量。

叶小明：第三件事情就是一般教师干什么，学校里面也有一个杠杆调动他们的积极性，我们以前的氛围是教师上课拿课酬，拿了课酬就把所有的钱拿走了，这就是教师工作量等于教学工作量。我就提出来，教师的工作量＝教学工作量＋其他工作量。国家给你钱，学校给你钱，你不只是来上课的，还要完成别的工作，你还要编教材、写文章、管学生就业、搞科研、社会服务、教书育人，这都是你的工作。

教师工作量＝教学工作量＋非教学工作量。我在大会上也跟大家讲清楚，非教学工作量是多大？三七开，70%是教学工作量，30%是非教学工作量。很多老师就是靠上课拿钱。我们人性化一点，现在80%是教学工作量，剩下的20%就是你要干这个活才拿这个钱。你不干这个活，不拿这个钱也无所谓。这个就是学校的方案，把它制定下来。这个是很明显，你拿到哪项才能拿到钱，课酬多少是明摆着，那这样就把全校人的积极性调动起来了。

大家都能为学校干活。如果你上课的钱很少，基数很少，南海校区要花那么多钱，上面的拨款又这么少，那这种情况怎么办？别的学校好，好的师资都跑过去了。叶院长这里的要求又高，给的钱又少，我不干了。有句话叫“前人种树，后人乘凉”。前人辛苦，后人肯定好。我把这句话改一改，“我们栽树，我们也乘凉”。我说，这个树小怎么办，我们要买个大树回来，我们就在大树下乘凉。很多人的觉悟没有那么高，我凭什么栽树让后面的人乘凉，我都要退休了，什么都没有。

席春玲：这样的想法很普遍。

提高待遇，稳定教师队伍。

叶小明：跟着我干，我不会让大家吃亏。我们要勒紧裤腰带，在精神上要艰苦奋斗，实际上，我就想方设法提高教师的工资待遇，来稳定教师队伍。人家说你是神仙，没有钱，你说提高就提高啊？从我当校长，校内的津贴，除了国家给的钱、教改的钱不动外，我们每年递增百分之十，这个计划是我在大会上宣布的。我说如果你们没有递增百分之十，我就主动辞职。全国就只有我敢说这句话，没有一个校长敢这么说。

席春玲：您就没有压力吗？

叶小明：我有压力，第一个是我看好这个学生规模的增长，每人带来多少利益；第二个就是我有信心把这个学校办好，如果我们办好了，我们的主管部门不会不理的，它会支持我们的；第三个就是我可以想办法向银行先借款，银行都很看好我们学校，很多银行的领导也看好我，他们会对我们进行评估，银行也会支持我们的，这个银行不行就找别的，最多的时候我们找6家银行，连浦发银行和招商银行都找了，不光是找四大国有银行，只要你借钱给我。简单地说，我们有10个锅，但只有5个盖子，转得越快他们就越看不到，但是我跟他们说实话，实际上，就是拿我的政治生命来赌博，我们没有钱，结果我们赌赢了，借了钱，我们就把它发给教师。

席春玲：您当时提出这个，做这个决定的时候，您团队里有没有人反对？

叶小明：也有不同意见的，但是统一了认识，因为他们看到了这个希望，自从我接了这个学校之后，就一天比一天好，这个架势走下去，这个学校是有希望的。当然他们也会说：如果叶院长走了怎么办？现在很多人担心我退下来怎么办？我说不用担心，现在学校已经规范化了，谁当校长都没关系。很多教授就是把这个宝押到校长身上了。我说现在你们没必要把宝押到我身上了，用我个人来赌的时期已经过了。

席春玲：也就是最艰难的时候？

叶小明：已经过了，收入每年增长10%，有时候还不止，所以说，我们学校的收入一直在广东省属高校中是一流水平。这么困难，我们保持了一流水平。老师对我的评价是：我们叶院长不放过任何一次机会。每一次我都抓得很准，教学评估、建新校区、建国家示范校，我们都冲上去了。

2011年的时候，我们发现人事厅要搞绩效工资改革，就是学校以后想增加工资是由它批准的，所以，那个基数是很重要的，所以我们学校在2012年实施绩效工资改革，那年我们确定了基数。我们也是广东省最先批准的绩效工资改革，最先进、最典型的，向全省推荐的。人事厅、教育厅、财政厅来调研，我们的绩效工资改革非常成功。所以说，我们的氛围，我们的教职工爱这个学校，因为他们觉得很好，他们为什么爱这个学校，不仅仅是我们的工资高一点，还有一个重要的原因就是我们的制度很合理、很人性化。很多学校向我们学习，我们是做加法的，你做一项我给你一项，他们很高兴，我用激励的办法多，惩罚的措施少，所以我们教职工很舒服，没有人惩罚他。如果他差不多了，只是少拿了一部分的钱，我们就没有惩罚他，但如果你差多了，我们就要惩罚。

建立教授委员会，推动民主管理

叶小明：我们为什么好，我们有一个协调过程，我们学校不是天生就好，是慢慢地协调，互相信任、互相支持。很多东西不是你一句两句话能说清楚的，真的很艰难。学校我们要搞氛围，搞氛围要民主，我们是集体领导，那个时期我们要突出某个人的主体领导也是对的，唯有这种的坚强有力的领导学校才能发展。

学校很困难的时候，大家没有时间扯皮拉筋，但是发展到一定的阶段后，大家就会争夺利益，这个时候就要民主管理。加强民主制度建设，我们搞了三个教授委员会。一个是人力师资教授咨询委员会；一个是教学科研委员会，再就是后勤财务委员会。委员会全部由正教授组成的，主任委员没有任何行政职务，系主任算是教师，可以参加这个委员会，但不能做主任委员；如果教授是处长，也没有资格当这个委员。行政领导都不能进入，我们有文件规定的。这个委员会是由老师产生的，它的职权是什么，非常清楚。

席春玲：这是你们的创新吗？

叶小明：教育厅还表扬我们，说我们干得不错。我们很多创新，今天没有那么多时间，我只挑重点说。评项目、课题、引进什么人，都是我们的教授委员会来评。评什么奖，都是人力师资教授委员会来评，不是校长想怎么样就怎么样，不是谁想干预就能干预的，这个就是为了防止个人干预，为了争夺学校的资源，为了争夺学校的利益，影响学校的发展，搞这个学术委员会，受外面的干扰少。

我们还有两个各校都有的委员会，一个是学校战略发展咨询委员会，学校的重大事情需要学术委员会来给我们把关，还有一个是学术道德委员会，也是教授参加的。比如说一个教授一篇文章在两个地方发，或者是抄袭别人的文章，这就涉及道德问题。学术道德委员会就去鉴定处理，他们是终审意见，不需要通过党委。

席春玲：这个组织具有威慑作用，没事干更好。

叶小明：我希望它没事干。

五、成为全面的国家示范校

我们有思想教育研练中心。

叶小明：除了学校的主体之外，我们作为国家示范校，应该在其他方面也成为国家的示范。我举几个例子，一个就是思想教育方法的改革在全国是领先的，教育部向全国推荐的20个项目，本科有18个，2个是高职的，我们学校就是其中一个。我们是思想教育研练中心，学生感觉像是上体育课一样舒服，因为学生不愿意上思想政治课，我们的学生很高兴上这个课。而且我们把学生的思想和就业都纳入这个范畴，所以这就是我们的特色，方法的改革在全国是领先的，因为要培养学生，就要培养学生的综合素质。

学生多功能文化饭堂。

叶小明：还有一个就是我们的后勤，我们有一个全国知名的学生多功能文化饭堂，这个新华社在全国的头条还发了通稿。很多学校都来学习，中大、华工都来学习。因为饭堂除了吃饭，就闲在那里，我们的学生可以在那里上课。里面有书吧，有网吧，学生可以在里面搞时装表演、开班会。里面有我们的办学思想和办学理念。

食堂里面的操作间全部视频，在外面可以看到是怎么操作的，学生天天看得见，3 块钱就可以吃饱饭，困难学生也可以吃饱。100 多个学生勤工助学，大堂经理是学生，学校没有花一分钱，是外面承包了，3 个企业出了1 000 万元按照我们的要求装修，所以这又是一个体制机制的创新。我刚才说的这些形式，他拍几张照片回去照样可以干，为什么你们学校没有花一分钱，又按照你的要求搞成多功能文化培养学生，又保证学生能吃饱，难道饭堂没有赚钱吗？这就是一个机制创新，核心在这里。这是学生饭堂。

素质教育的一个小事情，叫作垃圾分类。

叶小明：我们比较成功的就是对学生素质教育的一个小事情，叫作垃圾分类，在垃圾分类这方面我们现在是广州的先进单位，上个礼拜，国家统计局副局长、广东省统计局局长、广州市统计局局长、海珠区区长到我校来开会，把我们的垃圾分类向全市推广，我们和企业合作，为广州市垃圾分类提供了一条正确的道路，也是一个协同创新的项目。

企业已经掏了1 300万元，我们不会出这个钱的，我们教师参与研发，这是一个团队。垃圾倒上去是要刷卡的，不同垃圾要分类的，厨房的垃圾、有用的垃圾、无用的垃圾，有好几个桶的。你倒垃圾的时候按照不同的桶倒，拿个卡去嘀，垃圾就掉下去了。你卡刷了之后，马上在后台就有信息。这个卡是哪一栋哪一个房间的，后台是有显示的，然后就给你积分。

广州市有很多点在推行，我们学校是推行的比较成功的一个，所以那天副市长来了。我有一个教师团队参与研究，这个对提升我门的师资队伍水平、深度加强校企合作是有好处的。这对我们学生的素质的提高有好处，如果说我们大学生连垃圾分类都不愿意做，那素质就太低了，我们从提高我们学生的综合素质做起，轻工的学生总是很自觉地进行垃圾分类，出去以后总是比别的学校的学生的素质显得高一点。他录了我们这个项目，在电视台还播了几分钟，我没看到。这些都是学校整体实力提升后派生出来的。

既然你有这想法，我全力支持你。

席春玲：很多管理方面的创新。如多功能文化饭堂、垃圾分类，这些是不是您调动了各个层面的积极性之后，然后您支持他们做的？

叶小明：你这点说得很好。校长只有一个脑袋，我的成功之处就是调动他们的积极性，发挥群众的智慧。思想政治教育研究的教授，一个科部主任，这个人叫韩光道，就是他想出来的。他来找我，坐在你这里，我问他干什么，他说要钱，我说要钱干什么，他说要搞垃圾分类建设。

说实话，以前我对他们这一块支持不够。国家规定，学生的思想教育费用是一个人25元，我们很困难，没有钱给他们。但是他跟我谈他的思路，他谈得我都很激动了。我说老韩，你这个项目搞成了，你就是全国第一人。他说："我想不到校长这么评价我，我都不知道我能干成什么样，我当时只是有这个想法。"我说："既然你有这想法，我全力支持你，你要什么？"他说要20万元，我当场就批了20万元给他。他要地方，我立马就把南海校区的办公室、会议室都腾出来给他。我就是支持他，做一个校长要在这些方面很敏感。他说了半天，你无动于衷，不行啊！

垃圾分类是我们后勤部负责的，社区服务都是后勤负责的，他们来跟我说的时候，我说这个想法很好，值得支持。很多事情都是项目组想出来的，不是我想出来的，我没那么大的智慧。

校长支持，他们就来劲了。

席春玲：上次，韩老师项目结题，我是结题专家组成员，我就问他：您这个思政课的做法，其他学校能不能复制？您做得这么好，您有什么经验？他就说了，需要校长的支持。

叶小明：这个就是需要学校领导的敏锐性，这段时间我就想过这些事情，但是我又干不了。因为我知道这是一个问题，学生不愿意上思想政治课，但是我没有这个能力和经验去解决这个问题。老是搞教学改革，改来改去。他一说这个想法，我就很激动。

席春玲：您有思考这些问题，但是怎么做，可能他才是专家，因为他一直在实践。

叶小明：我们很多都是这样干出来的，我们很多系主任都是这样发挥自己的聪明才智。我刚刚说的校内实训基地，都是他们自己干的。校长支持，他们就来劲了。学校投资、让利，支持他们。

席春玲：我觉得您刚刚讲教学专业建设、实训课程、师资，这些制度，作为领导人，您对教学的思考也很到位。

叶小明：因为我是一个基层干部。我们国家的干部体制是有问题的，干部应该来自于基层。如果基层的东西你不懂，在那里瞎指挥是不行的。我在系里当过教师，我负责过很多工作，我很熟悉这些情况，我做了10年副校长，还做了10多年处长，在系里工作。

我没有晋升得很快，我就扎扎实实地干，反正没有希望提拔得那么快，你就老老实实把这个学校办好，你没有这个机会了，没有人看得上你，你不如把这个学校办好算了。

要办好这个学校，学校的主要领导人一定要懂高职教育规律。你要按规律办事，你知道怎么样把学校办好，你就尽力去推这个理念。如果大家不理解，你要说服大家，全校形成一个共识。如果你本身都搞不懂，那下面的人不服你，人家就老怀疑你说的。

把学校办好就是自己最大的成就。

席春玲：您刚刚说到的敏感，对专业的经验，以及这些思考，这都是需要有宽阔的胸怀的。

叶小明：胸怀的宽阔是有条件的，没有人的胸怀是很宽阔的，这是人的本性。我为什么宽阔？我没有想到哪里去了，到这份上，我没有更多的前途了。我就要把这个学校办好，这个学校就是我自己的学校，就跟自己的家一样，你才有这个胸怀。你能够把握住，你站得更高了，你才有胸怀，他自己都怀疑自己，他怎么会有胸怀。如果他自己都把握不住，怎么会有胸怀？我太了解高职教育规律了，我是站在很高的位置来看下面的事情。我什么事情都可以放开，我自己什么事情都可以不要。你现在要我下来，都无所谓。我从来不跟别人争，把学校办好就是自己最大的成就。胸怀是这些条件决定的，我不是天生就有这个胸怀。

席春玲：肯定是有关系的，这跟您童年的教育是有一定关系的吧？

叶小明：有的。这是从小养成的，我不跟别人计较什么，我从小都是愿意迁让别人，这跟家庭教育和社会教育还是有关的。

席春玲：还有，他们叫您“叶老大”，这个词包含了亲切、认同的意思。

叶小明：我们办学的过程是被大家认可的。大家认为，我们这么困难，能够闯出一条路来，不简单！第二个就是我的年龄相对大一点，资格也比较老，做副校长做了10年，做校长也做了10多年。再一个就是说，朋友们之间都是互相支持、帮助，任何一个学校的校长、同事到我这里来交流，要什么我都会给你。在做人方面，我也不会欺负别人，实实在在的。

访谈后记

对叶小明校长的了解是和广东轻工职业技术学院教务处长廖俊杰一起做专家过程中闲聊，言语间能感觉到他对叶老大的欣赏与佩服，这是第一次感性了解。第二次是一次跟随汤贞敏院长去广东轻工职院做一次政策调研，在中午用餐时的感受，广东轻工职院的一大帮教授、处长和我们一起挤挤地坐在一张圆桌上，各位教授谈笑风生，好像他们的院长不存在一样，叶小明院长说话不多，面带微笑地就看着自己的这些教授、处长们高谈阔论，这次给我留下的印象是这个学校文化中弥散着一种专业、交流、合作与节俭混合的元素。吃饭是聊天，是交流，吃什么你已经不记得了，吃什么也不重要，大家在一起交流交谈才是最重要的，氛围比较轻松，没有其他高校与领导一起用餐时的那个拘谨劲儿。

虽然打过交道，但是要说做访谈，叶校长也是对我公事公办，他是唯一一位向我要公函的访谈对象，也是唯一一位在办公室做访谈的人。访谈过程，叶校长很认真，那两个小时回绝了一切公务，没有接一个电话。访谈过程是比较顺利的，在告诉了他我的访谈思路之后，整个访谈以他讲为主，我只是在必要时追问和回应一下，所以整个访谈实录比较流畅，通过真实的语言能够感受到那个可爱的、有点虎虎的叶校长。

正是通过对叶小明校长的访谈，我真的懂了扁平化管理如何在学校中的应用，管理架构设计要当官的人少，做事的人多才是好设计。如果层级多了，相应的当官的人就多了，具体做事的人就少了。学校里如果管理级别多了，二级学院多了，院长副院长、书记副书记就多了，系部主任副主任也多了，大家都想着去捞个一官半职做，一下子就会冒出一大批领导干部来。如果不从学生的角度出发，只从干部成长的角度出发，多层级化管理有利于所谓的干部快速成长，但是具体做事的人少了，真正关心学生成长的人少了，能够静下心来做专业研究的人少了，因为学校的总编制基本上是稳定的。从这一点看来，那些干部成长快的学校和单位未必是好学校，好单位。

这也使我想起了自己之前看到过的一篇论文，以一所处于二线城市的本科院校为例，27 名本科生一年的学费加在一起，才够一个处长的年薪，也就是说每一位大学的处长需要 27 位本科生来养着，处长基本上是不做具体专业教学的，这个管理成本有多大啊。降低管理成本，提高管理效率，扁平化管理在中国高校是十分必要的，这一点对我很有启发。

反思他带领全体教职员工在贷款极度困难的情况下，渡过难关，很是佩服，同时又想到他是读过 MBA 的人，是工商管理硕士，懂得经济运行和企业管理。在新校区建设中，他刚好发挥了他的经济学方面的背景，这也应验了的 “这些万金油对我的工作实践是很有帮助的” 那句话。他是在中国的经济大潮中真正的泳者，带领着自己的一群老师在奋力前行，即使遇到险滩困阻也不放弃。银行贷不来款的时候，就转向寻求教职工们的支持，而且以合理合规的形式与银行合作，与校内教师合作，在人心上把每个教职工都拉到这个利益共同体中来了，每一个教职工都是利益相关者，都希望学校越办越好。如此这样，学校怎会办不好？群众的眼睛是雪亮的，他的 “叶老大” 也是当之无愧的。

2017 年 3 月，我作为广东省高职教育办学评估条件核查的成员，再次与叶校长见面的时候，他已经成为广东创新职业技术学院的党委书记，他呼我小妹，这次我改呼他 “叶书记”，他说做书记是他职业生涯里的一个重要职业体验，校长做了，再做书记，职业生涯算是完满了。看到他在新环境中开心地工作，祝愿他在广东民办教育的领域再绽风采。

上篇小结

每每读过这些访谈记录，自己总会浮想联翩，想起一位哲学家的一句名言：林中有两条路，我选择了人迹罕至的一条路，也就有了一种不同于别人的人生体验。在教育这个领域中，选择了职业教育，你也就有了一份独特的职教体验。

广东作为中国改革开放的大前沿，是一块职业教育的热土，这里为职教名家们的成长提供了良好的外部条件。想想，如果俞仲文教授在同济大学或者深圳大学做一名教育哲学或者数学专业的教授，应该也是博导级别的教授。当他1992年受命创办深圳职业技术学院的时候，他有的是一种理想与信念，凭着这份执着，他带领这个新生的学院披荆斩棘，为全国职业院校发展探索出了一条具有岭南特色的高职教育发展的新路子，这面全国职业教育发展的旗帜和典范为全国各地高职院校的专业设置、专业建设、学生实习实训、师资队伍建设等方面发挥了重要示范作用。

如果叶念乔董事长一直在高要师范学校教书育人的话，他可能也做到了教授，或许做到了副校长校长。在林中有两条路的时候，他选择了人迹更少的那条路，他在珠江三角洲看到职业教育的巨大需求。他从培训班开始办起，不断滚动发展，虽然经历了各种艰难辛苦，但终于建成了肇庆乃至整个广东具有重要影响力的应用技术本科院校。

如果姜蕙副局长一直在广东机械学院，现在的广东工业大学工作的话，也会做到机械系的教授，或者学院的书记等职务。自从她决定随着丈夫从广州到顺德工作后，她只能去顺德中专学校，这个小平台小地方为她成长提供了一条快速通道，她的开拓、实干、务实、好学、敬业精神在这个平台上得到充分发挥，于是，受命创办顺德职业技术学院。大学与中专的专业课教学、顺德职院的创建经历为她在顺德区教育局副局长的这个位置发挥才干打下了极好的专业与工作基础，她说自己在教育局工作的时候是最卖力的，效果也是最为突出的，如今顺德中职教育在全国发展的卓尔不群与这位局长的辛勤付出与高水平指导设计是分不开的。

叶小明院长的故事也是很有吸引力的，他的娓娓道来使我们了解一个具有80多年历史的职业院校如何在新时代脱颖而出。广东轻工职业技术学院是广东老牌职业院校的代表，他们曾经面临的困难，以及在叶小明院长带领下，全体教工通过开拓创新，真干实干，干出了一番新事业，代表了典型的自强不息的高职精神。它能成为高职院校的旗帜也是因为他们的自强不息，艰苦奋斗，学生为本，质量立校的高职精神。

他们都在不知不觉中选择了职业教育这条路，选择了岭南这块职教沃土，尽管一路走来风风雨雨，辛苦甘甜自知其味，但他们在岭南职业教育快速发展的几十年间，用自己的青春，自己的智慧，自己的职业生涯书写了美丽的岭南职教彩图，他们的人生经验也因此打上了岭南职教的烙印，他们也在与广东的职业教育一起成长成名成家。

是为上篇尾记。

下篇　职教名家之“双师”篇

正如一位校长所言，高职院校间的竞争，归根结底是师资的竞争，而“双师型”教师是职业院校师资队伍中的关键群体。

所谓的“双师型”教师，是指职业院校中具有企业真实工作经历的教师。他们曾经是企业全日制的工作人员，熟悉和了解行业企业的精神，懂得企业最在乎的是什么，最关注的是什么，企业最需要什么样的人。他们身上有企业文化的烙印，他们具有企业务实肯干的风格。

这里选取的6位访谈对象都是具有行业企业经历的“双师型”教师，他们不仅是受过正规大学教育的大学毕业生，理论扎实，而且还有着丰富的行业企业经历和体验，有的在企业做技术、搞管理、带团队20多年，有的能为企业解决燃眉之急，提供一些技术解决方案，有的动手能力超强，有的时刻从地方企业用人需求出发，他们对职业教育的认识和思考是独特的，他们的实践是具有启发借鉴意义的。

学院教师工作室第一人：张茂贵

访谈对象：张茂贵
访谈者：席春玲
时间：2014年11月18日
地点：北京路8090咖啡馆

一、在企业实践的一年时间

席春玲：张老师，您教授的专业是什么？

张茂贵：应用电子技术，当时去的那个专业五六个教师，学生每一届1～2个班，一百来人。

席春玲：您也是读师范的，大学一毕业就直接到学校？没有去企业？

张茂贵：对。2004年、2005年也去企业，那个时候希望老师到企业去学习，我们学校就提了一个老师的“2+1”，不满足要求的老师有一年要去企业实践，所以我当时就去了一年，真的就是全职在那里做的。

席春玲：企业是您自己联系，还是学校给联系的？

张茂贵：自己联系。其实，很多学生毕业出去了以后，他们那里有很多东西需要合适的工程师去做，有个学生就介绍我去，是个台资企业。当然也有学校联系的，也有企业联系的，也有自己去联系的。

去企业这一年，对我的影响非常大。

席春玲：您是全职在企业上班？

张茂贵：对，学校工资还是照发的，要不然没有人去。我是第一个出去的，所以后面也是第一个做教师工作室的，就是第一个去尝试这件事情吧。那一年对我的影响非常大。首先，从私人角度讲，我去的那一年以后就买房子了。从学校专业的方面来讲，我来的时候，我们这个专业的老师不多，靠自己摸索；去到企业的话，会接触到很多外面的资源，对自己的专业还是有很大的帮助的。

席春玲：那个企业会给您奖励吧？

张茂贵：因为当时2006年房价也不是很贵，如果在学校的话，我们的工资待遇也不高，反正就是4 000来块钱，去了企业以后就刚好把首付凑齐了，然后就买了套房子。

席春玲：哦，那您是真的给那个企业研发了他所需要的产品，是吧？

张茂贵：还是给它做了点事情，要不它不会给这个钱。那个钱按照现在来讲也不多，十几万元吧。2005—2006年的那个时候，十几万元可以给个（房子）首付吧。

席春玲：去企业具体做什么工作？

张茂贵：电子产品研发，一去就是研发部门，相当于负责研发部的工作，这个台资企业有600人的规模，研发的是音视频方面的一些产品。

席春玲：那您个人专业也是很强的。您去的时候，他们那个研发部有多少个人？

张茂贵：五六个人吧，这也是核心的研发技术力量，因为有一两个就是我的学生，他要我学生介绍有合适的工程师给他。

席春玲：您在企业这一年，学校对你有没有考核啊？

张茂贵：那些都会有的，它会有一个鉴定表，就是在这个企业表现得怎么样，还是有个考核的。

企业和学校最大的不同是什么？

席春玲：您去企业工作了一年，学校和企业最大的不同是什么呢？

张茂贵：那区别就大了。我读高中的时候，有老师给我讲过：你知道得越多，你的疑问也就越多。你知道得越多，你这外围的面积也就越多，你的疑问也就越多，所以你接触到很多东西以后，你会有更多的疑问需要去解答，去摸索的。

席春玲：到企业接触到了哪些方面？

张茂贵：主要还是技术方面的。去企业，很简单的，给你一个项目，你就要按照他提出的要求把它做出来，而且要按时按量做出来，这是企业的做法。这就跟学校不一样，学校你没办法去量化，怎么去评价你的学生好还是差？就业有时候跟专业有关系，一个专业你要去纵向比较，还是横向比较呢？比就业率的话，你觉得没办法跟他们去比。

二、学院教师工作室第一人

席春玲：当时怎么促成工作室的这个政策出来的？

张茂贵：2010年因为我们搞示范校。有一天，我们刘国生院长到我工作室去看吧。他突然提一个这样的想法，我也不知道他是酝酿了很久以后给我提的，还是说突然有一个这样的想法。第一个工作室是我的，2010年5月就成立了，后面在2010年下半年成立了一批，后面陆陆续续地成立了很多。

教师工作室：技能竞赛、技术研发、实践教学三合一。

席春玲：您2004年去了一年企业，2005年回来，到2010年成立以您个人名字命名的工作室，这之间有五年时间，您有专门的一个空间吗？

张茂贵：有，只是没有叫这个名字而已。我有个专门的实验室，那个实验室一直是我在用，就是带着学生做一些东西，只是说后来才取这个名字吧。原来做的事情主要是一个带学生竞赛，一个还是跟企业的项目合作，主要是这两大块吧。后面他们总结了一下，包括技能竞赛、技术研发，还有实践教学，就“三合一”了。他们只是提出了这么一个概念，做的事情也是差不多的。

席春玲：您参加的竞赛是哪些，名字叫什么？什么专业的？

张茂贵：2003年，我读书的时候就有参加过了，叫作“全国大学生电子设计竞赛”，读书的时候拿过湖南省一等奖。工作了以后，我觉得我们这边的学生应该也可以参加这个比赛。广东省2001年才开始组织参加，湖南更早参加。

席春玲：那高职和本科是同一个比赛吗？

张茂贵：对，全国大学生，教育部组织的，组委会主任是王选院士，北京理工大学的名誉校长。这个比赛是1994年开始的，我觉得我们这边的学生也应该去参加一下这些比赛。

席春玲：是您建议去参加呢？还是学校文件下来？

张茂贵：2005年前，我们学校属于行业管的一个学校，跟外面比较脱节的。这种类型的这种竞赛我是第一个，所以很多事情是我在学校第一个来做，不说是最好，但是有很多事情做到第一个。当时什么都没有，电脑都没有，仪器设备很少。

系主任、院长的支持是教师教改的保障。

席春玲：您怎样一步步开展工作？

张茂贵：原来系主任、王院长很支持，所以把这个事情做下来了。

席春玲：您提议，他们支持？

张茂贵：对，我就觉得应该去参加这样一个比赛，学生也需要走出去，了解一下外面的东西。其实，最早参加的是深圳职院，他们2001年就开始参加了。

爱动手是优秀职教师资的必要条件。

席春玲：您是不是对动手这方面从小就感兴趣？

张茂贵：对，是这样。我是农村的嘛，好像是小学的时候家里才通电，我那时候就去把那些灯泡拆下来，还被父亲打了一顿，他说你好猛啊，连电灯泡都去拆了（呵呵）。

席春玲：我觉得喜欢动手一定是有内在原因的，是吧？

张茂贵：兴趣是最好的老师。如果对这个事情不感兴趣，学习起来很累的，不管学什么。

席春玲：嗯，您说您把灯泡卸下了，您是关了灯卸的吗？

张茂贵：没关，所以被打了一顿嘛。一直以来都喜欢去做点事情，喜欢去动手。

席春玲：最后学了这个专业，也刚好是动手的。

张茂贵：对，像我们读书的时候，物理和数学学得还好，语文、英语这些就是很普通的了，这些东西好像没有找到一个诀窍吧，总是去死记硬背，很辛苦的。您是学教育学的，您就比较清楚，学不同的学科用不一样的方式吧。我们总是喜欢用一种方式去面对所有的事情，可能就有问题了。

席春玲：家里东西坏了，您也会自己修吧？

张茂贵：有很多时候会去动一动，但是现在不一样了。有一句俗话讲得好，“木匠的家里没凳子坐了，瓦匠家的房子漏雨的”，是这么个情况，因为有时候懒得动嘛。

席春玲：可能这个没有挑战性？

张茂贵：也不是没有挑战性，动动手就可以，就懒嘛。（呵呵）

基本上是人家找过来的。

席春玲：您的工作室和企业有合作，我们看到您工作室很多产品，您是怎么样开展工作的？

张茂贵：基本上人家会找过来的，除了毕业生会介绍一些过来，还有我一些同学朋友，他们有一些需求，其实有很多企业它有这个需求，找不到合适的（人）。比如说电子专业的学生，每一年毕业生一大把，他们就是找不到（工作），为什么呢？因为有一些活给他，他可能干不了。另外，还有一些跟我们合作的不是属于这个行业的，比如说，有个公司是做婴儿用品的，它需要找一个懂电子的去给他做控制，它对电子不懂，他就很难去找到一个合适的人，广东珠江三角洲非常多的这类企业有这种需求，他们有技术上面的需求找不到合适的人，隔行如隔山的，不了解这个行业，就很难找到。

席春玲：您刚谈的这个电子专业，中职的电子专业招生难，学生很多成了简单操作工，这个专业有些中职萎缩到要消失了。

张茂贵：我们职业院校的学生，出去了能不能做好事情，这是要打个问号的。我们都是从事教育行业的，那真正能够学到东西的，动手能力强的，还是不多，他只能做一个简单的操作工，他从事不了那些有技术含量的工作。因为给他一点复杂的东西，他做不好，这才是关键。

这个专业要办业，一个设备的，一个是教师的，这两个环节缺一不可。教师不行，再好的设备也是放在那里睡觉；师资好，也要相应的设备，巧妇难为无米之炊。

席春玲：按照您讲的这个，我觉得中职学生搞开发很难，中职应不应该开电子专业？

张茂贵：中职学生肯定就没有（搞开发的），像我们高职的话，也不是所有的可以去做这个事情的。中职应该去做一些真正动手的，开机器的，他不需要理论的，只要按流程来，1、2、3、4，他可以去控制一些工艺，比如说这个东西要打磨多少，或者说要多大的力度才能控制好这些东西，他们是可以去做的，而且这些是很重要的，这些都是基础的东西。理论的东西我们不错。

席春玲：理论的教学是充分的。您现在的基本上是校企合作找上门来？

张茂贵：基本上是这样。

席春玲：您开发这些东西是怎么样一个操作方法与过程？

张茂贵：以三年级为主，二年级学生能做的学生不多，我给他一个项目，当然我会有一些建议，企业要做些什么东西，我就告诉他，我会提醒他要注意些什么事情，基本上都是这样，他们有疑惑的会问我。我现在能不动手的我就不会去动。这个方案怎么样，怎么做会好一点？他们做完方案以后，就是要求怎么做，会拿张纸写一下解决方案，我会建议他们要怎么去改进，他们就会去做自己的一些电路、程序设计，基本上都是这样。三年级能做的都比较少了，核心的就一两个。

席春玲：高职院校“2 + 1”培养模式，2 年在校，1 年实习，第三年是不是出去实习了？

张茂贵：没有，也没有全出去。有的已经走了嘛，没去铁路实习的还在学校，一般比较核心的，对这个比较感兴趣的就不会去地铁公司实习了。

有兴趣的，他就会来了。

席春玲：到您工作室的学生是您选择的，还是怎么样的？

张茂贵：双向的，我让他来，他没兴趣，我也不会让他来，也有个简单的要求，第一个要有兴趣。你有兴趣，我们就好办事了，没有兴趣，天天待在这里，上网聊天也没什么意思。有兴趣的他会来，三年级有一些了解了以后就来了。其实我们也跟比赛这些结合到一起的，有兴趣参加比赛，有兴趣做事情，他就会来的。

席春玲：学生搞一个初步的方案，您会对方案进行优化整合，最后就完成给企业？

张茂贵：不是很复杂的，但是二年级的学生必须告诉他们怎么去做，三年级的有一些经验，你只要给他们修正就可以了。他经常会告诉你，我做到哪一步了，有什么问题要解决，碰到解决不了的问题，我就跟他们一起去。解决得了的，就告诉他们应该注意什么事情。

席春玲：从您实验室走出来，成为骨干的学生应该比较多吧？

张茂贵：他们去中型企业肯定没问题，就说这些小型的产品开发没问题。

席春玲：实训课也在您这个实验室？

张茂贵：也有，比较少。所有的东西都是学生在管的，他们想做什么就做什么，他们有学生的负责人，基本上每一天都会开着门，周末也会在那里，晚上也会在那里，一般12点都还有人在那里。有兴趣的才会来，玩游戏的他不会来这里。

主要还是自己去筹经费。

席春玲：你们那个工作室，每年会有经费支持吗？

张茂贵：每年有一万块钱吧，主要还是自己去筹经费，它那个一万块钱也做不了什么。给企业做点事情，能得到相应的一些经费。

席春玲：您提供技术服务吗？

张茂贵：对。我就是说给他做些什么东西，你该给多少钱就给多少钱，这个我可以走学校的账，可以公对公的，也可以私对私的。可公可私，这个也不算职务侵占吧。

席春玲：您和企业相互谈？你们之间会签订合同吗？

张茂贵：可以学校的名义签，也可以个人的名义签。有时候不想这么麻烦，就说做这个事情多少钱，也可以经过学校的财务，财务就麻烦啦。主要是你这个进去的钱，报出来又不一样了。

三、技能大赛的那些事

技能大赛一要公平，二要与技术相关，三要能锻炼学生。

席春玲：您现在还带学生参加一些比赛吗？

张茂贵：有参加一些。

席春玲：您作为带学生参赛的老师，有一些什么样的感受启发？

张茂贵：现在的竞赛啊，特别是职业院校这一块，第一个商业味太浓了，动不动一个设备几十万元，我刚刚讲的全国大学创新技能大赛是最悠久的，也是最权威的一种比赛，但是现在的比赛太泛了一点，特别是职业院校的这些。

第二个就是喜欢在后面搞点小动作，它跟这个全国比赛不一样，全国比赛那些评委都是一些全国非常有名的教授，他们也不屑于去做（小动作），说：“哎呀，我们学校多拿一个奖。”他们不在乎这些东西的，我相信他们做得很公平。但是职业院校这一块呢，首先省里面的比赛有一个承办学校，可操作性空间大了一点，给我的感觉就是这样，所以这种比赛我就不太喜欢去参加。

学生都是积极的。

席春玲：您参加过一两次就发现了这个问题吗？还是参加过好多次发现的？

张茂贵：我其实参加过很多次了，但是我不太愿意去参加。省教育厅好像非常重视这个比赛，真搞不清楚。教育部要求每个省都要去参加这个比赛，但是事实上我觉得他们做得并不好。我们也不喜欢说话，也不喜欢去参加，包括（不喜欢）承办。学生都是积极的。

席春玲：你们赛前不做专门的训练？

张茂贵：很少去做，因为你做了也没用，这个比赛是你们学校承办的，你可以去做，不是的话，你没必要去做，除非你跟承办的学校关系非常好，其实这个圈子很小的。比如说我们专业的这个圈子，广东省这么多本科、高职学校，至少有一半学校的老师我是有接触过的，大家都是比较熟的了。我就希望这种竞赛第一一定要公平；第二是能提点跟新技术有点关系的，也不能跟着（赞助商的）鼻子走，他说做什么你就做什么。还有就是能锻炼学生，这才是最主要的。

大赛被赞助商牵着鼻子走。

席春玲：您刚才说被什么牵着鼻子走啊？

张茂贵：赞助商。我们公司的品牌，你参加比赛就只能买我们公司的品牌。

席春玲：就要买它的那个设备？

张茂贵：要不你就不参加了。

席春玲：设备会影响参赛吗？

张茂贵：如果你不用它的那个品牌的话，你就不需要参加了，所以投入是很大的。因为每一年赞助商又不一样，又换一个品牌。每一年你看很多公开征集项目，弄来弄去还不是那些人在弄嘛，我们又没有这个兴趣去弄这个事情。所以他们一般就会一个企业跟一个学校或者一帮人在那里申请一个项目吧。没有权威性，我觉得，这有些东西不能太随意了。王选院士组织的竞赛，我认为是最权威的一个。

王选组织的竞赛，我认为是最权威的一个。

席春玲：王选组织的竞赛现在发展还是比较好，比较健康？它对设备没有要求？

张茂贵：对。没有要求，它只要求你在规定的时间、规定的地点，做什么东西出来，你自己能做出来就可以了，你用什么样的技术手段都可以。大家在这个时间段把它做出来，然后大家一起来评比。

席春玲：就是说学生对设备的依赖不强？

张茂贵：当然你需要设备，但不一定要特定的设备，没有指定说我要哪个公司的什么品牌去开发。

席春玲：现在高职的是指定的？

张茂贵：基本上都是这样。

席春玲：以电子专业为例，高职参赛买一套设备要花多少钱？

张茂贵：有便宜的一万多，贵的十几、二十万，至少一万多。去年一个实验平台就一万多嘛，这个是最便宜的了。

我们参与的不多，要钱的我们不参加。

席春玲：十几万,二十万，学校还是支持买的？

张茂贵：它（学校）买我们就参加，它不买我们就不参加了。

席春玲：您现在的学校对获这个奖还在乎吗？

张茂贵：会在乎啊，不过，它会有选择的，觉得这个专业获奖的可能性大一点，就参加这个。

席春玲：还有，比赛用了的设备，在以后日常教学中用的频率高不高？

张茂贵：那也要看是什么样的，有一些我们可能会用得上，有一些基本上就是比赛，平时都不能开动的设备。

席春玲：平时买回来的设备有多少是可以用得上的？

张茂贵：其实这个要设备的，我们参与的不多，要钱的我们不参加。

席春玲：就是说您先买设备再来参加的。

张茂贵：我们去年买了，一万多块买了一台 SPS，就参加了一下，能用得上的概率比较低，其实平时我们有一些类似的品牌在用。我们针对学生特点，自己开发了一个平台，我们在朝这个方向在做，但是有些仪器我们就要去买了。我们现在正在做学生学习平台这个事情，带着学生一起做：刚接触这些课程的学生，就让他们用这个比较简单的平台，来做一些验证性的实验；到了三年级，就要求他们自己能够完完整整地设计一些东西。

席春玲：这个平台技术也不会很难吧？

张茂贵：很多东西都是国外已经有了的一些技术，我们只是把它整合在一起，不是一种创新的，但也是一种应用性的技术。我会用这个东西了，我会把它整合到一起，其实我们教学生也就是这些东西，你会去应用。

席春玲：您刚才说王选组织的大学生创新大赛，对设备没有要求？

张茂贵：比如说，要设计一个具体的产品，我提要求，你要能达到我的性能要求，指标要达到多高。根据一个规定的参数指标，你去设计就可以了。

席春玲：那这些开发商怎么没盯上这些比赛呢？它为什么把职业教育比赛的盯上了呢？

张茂贵：没人跟他这么玩嘛，而且这个（职教比赛）他们很随意的，今天我要比这个项目，就指定这个平台；明天我要比那个项目。赞助它肯定要赚回来的啊。

赞助商也是有层次区别的。

席春玲：王选组织的这个是有官方资助？还是赞助商？

张茂贵：它也会有赞助商，它的赞助商是另外的形式。比如说，世界上非常有名的半导体制造商，比如说 Internet 等，TA，就是美国的一些大公司，它不用你买它多少东西。他们就是做所谓的大学计划，比如说跟清华、北大，跟中大、华工，它们都会有一些大学计划和合作的实验室等。

这个实验室是什么意思呢？就是我给你一些设备，比如说卖芯片的，如手机芯片，让你免费去使用，它最终的目的就是让你的学生接受了我的芯片，就会比较熟悉我的这些东西，那他出去以后做设计的时候，他首先考虑的是我公司的芯片，它是这样的一个目的。所以它就不会去追一个很浅的利益目标，它是比较长远的利益目标，都是有利可图的啦！

席春玲：这个赞助商有很大的差别？

张茂贵：对，不是一个层次上的，这些国内的，基本上都是那些做什么实验箱的，学生做实验要用的嘛，就是这种类型的。

席春玲：说竞赛可以，就是不希望赞助商把我们绑架了。

张茂贵：就是绑架了，它就希望通过这种比赛把我赞助的钱拿回来。

席春玲：它不是一个长远的设计，就是要立马回本。

张茂贵：我看它这些平台，就是为了比赛用，完了以后，估计卖出去的很少。

席春玲：它没有吸引力，其实您刚才讲的国际的一些高端的大企业，它可能在这个领域是一种技术引领，我们这里面它技术含量很低，对吧？

张茂贵：它不是同一个层次的，人家那些是中上游企业，我们这些是中下游企业。人家做的芯片嘛，我不知道你有没有了解过，中国进口量第一的商品是什么？

席春玲：就是芯片。我们的手机、电脑，电子设备基本上都是。

张茂贵：只要通电的设备都是，95%的芯片需要进口，主要是微电子这一块，我们的技术还是比较落后一点。

席春玲：这个在产品中占的比值比较高？

张茂贵：对，我们也在反垄断嘛，高通知道吧？就是手机里面的一个芯片制造商，美国的企业，我们的很多手机包括苹果、三星、华为，很多用到的都是它的芯片，高端的手机肯定用到的都是它的。现在发改委不是罚它多少亿嘛！它价格太贵了，它垄断了嘛！人家拥有这些公司，现在我们国家缺乏的就是这些。

席春玲：现在中职的一个问题是招生。它为了提高学校的吸引力，任何的机会都不放过，竞赛是它一个牌子。

张茂贵：我也了解过中职的一些竞赛，他们的重视程度比我们要厉害很多，其实我们也重视。

技能大赛要抓住技术核心，不能总是变来变去的。

席春玲：到底怎么扭转竞赛这一块？

张茂贵：这个要提升，要简化，要精简。

席春玲：您讲的精简是指什么？

张茂贵：不要总是变来变去，要抓住最核心的东西，每个专业会有一个核心的东西，这种东西不会每年一变的，只会跟着技术进步往前发展，不要今年搞这个，明年搞那个，太泛了，比赛应该是你这个专业核心的一些东西。

好像教职委很多人在弄这些事情，说实话，有一些所谓的专家他真正对一线可能不清楚，另外他们也没有做一个全面的考虑。其实，竞赛是一个好东西，这么多年参加竞赛的学生，他们在专业性这一块还是不错的。他们毕业这么多年，很多我都会有联系，（竞赛）确实对他的职业生涯是有很多帮助的。

席春玲：您刚才说的湖南省竞赛一等奖。竞赛前是老师带您训练，还是您自己搞？

张茂贵：也会有一些培训，但主要还是靠自己啦。

席春玲：学校会提供一些条件？

张茂贵：本科院校和专科院校还是不一样的，老师也会偶尔来一来，不是天天陪你的。我们当时的条件肯定要比现在的差。

席春玲：本科的可能不像职业学校的这么重视吧？

张茂贵：是的，能给你一个机会就已经很不错了，因为他把一个实验室免费提供给你们尝试去用，其他同学就没这个条件了，所以就有这些便利。你要用什么东西，买什么东西，资料也好，买一些耗材也好，都是可以给你报销，所以你就可以很好地使用这些东西了。

席春玲：你竞赛的时候有一帮同学，你是第一，还有第二第三名，这些人现在发展如何？

张茂贵：我们当年参加技能竞赛的同学，基本上都是老板了，就我最穷的一个，教书的。

席春玲：他们都已经出去创业了啊？

张茂贵：是啊。

项目设计要合理一点，现在还是比较随意。

席春玲：您对竞赛的设计有什么建议？

张茂贵：项目设计要合理一点，不能说今天想干什么就干什么，明天想干什么就干什么，这个还是需要一个核心的东西，还是要有点权威性吧，现在还是比较随意，很多东西多了以后就泛了，要精简一点。

席春玲：全国大学生竞赛，您在去的时候，做好了作品，还是去了才搞。

张茂贵：它是这样子的，单数年的9月的第一周，星期三到星期六这四天时间，星期三的早上8点，它会通过网站发布题目，每一个参赛者代表着自己的学校，每一个学校就会派一个人过来巡考巡视，就是说接到这个题目，制作4天3夜时间，就要完成提交作品的这种模式。

席春玲：天津技能大赛是我们全体人员都要过去才行？

张茂贵：对，这倒没关系，去到哪里都可以，关键是它经常变，今年比的东西和明年比的东西不一样，那也没关系，万变不离其宗，不过有时候变得完全不是同一个的东西。

席春玲：这个竞赛开始有监考老师来监考，然后这个时间你就做，最后提交你的作品，到最后做出来是成品。监考老师来认可这个作品？

张茂贵：你可以利用所有的资源，就是老师不能亲自动手，场外口头指导是可以的。监考老师是看这个过程有没有自己完成。

席春玲：哦，不能操作？

张茂贵：对。你指导学生怎么做都可以，最后有一个评审，每个省有个组委会，省里面先评，然后全国再评。

席春玲：您这团队把作品做出来，老师把作品拿走，还是怎么？

张茂贵：它要封胶封条，第二天就送到，比如说到华工那里去集中，省里面要评审，一次比赛，两次评审。

席春玲：现在职教的搞一次，就评一次？

张茂贵：对。省里面评完比赛以后，再全国评。

比赛的成本肯定得上万了。

席春玲：到天津去的费用也很大的喔？

张茂贵：对啊。

席春玲：要住多久的？比如说您这个专业。

张茂贵：去天津的话就是说你要提前一天到，到比完赛至少要住个三四天吧。

席春玲：一般您带几个学生去参加比赛？

张茂贵：一个组就三个吧，两个组就六个，至少要一个老师，有时候是两个老师。

席春玲：那参加一次比赛的费用有多少？

张茂贵：比赛的成本肯定得上万了，有时候几万了。因为你前期有培训，有耗材、差旅费这些也不少。全国大学生比赛是一等奖的才需要去的，还有一个答辩，一天就可以了。

席春玲：是老师带学生，还是学生自己去？

张茂贵：学生单独出去也不行，还是要老师带。

每年都会出一些新题目，它紧跟专业技术。

席春玲：全国的规模就小了很多？

张茂贵：规模其实也不小了，这个比赛每年都有好几万学生参加。比如说广东省每年一般都有五六百个队，评完以后可能剩几十个队，就参加全国评审，这个时候这个规模就小很多。

席春玲：它这个没有要求您买什么设备？

张茂贵：没有，你自己能做出来就可以了，用现有的设备也行。

席春玲：那些大企业支持，怎么个支持法？

张茂贵：它的赞助全部都是给组委会的，每个参赛队你不需要额外去弄什么钱了。

席春玲：我们教育财政有很多经费，不用那些赞助，教育财政一年给一百万去搞也可以吧？

张茂贵：是啊，因为费用本身也不多。因为本身耗材费也不多，学校出点耗材费没问题的。

席春玲：全国大学生竞赛是通过网络发布试题？

张茂贵：对，原来前几年是像高考一样的，密封的，星期三的早上8点到现场发题，现在就是网络发题，一般的学校不会接触到（试题），泄密的可能性很小。

席春玲：题目是题库随机抽，还是？

张茂贵：它每年都会出一些新的题目，因为技术发展了，你用原来的东西做的话就会不太合适，它紧跟专业技术的。

席春玲：这个模式就很好哦，学校不用每年买设备。

张茂贵：基本的设备你买了，每年都用嘛。

席春玲：技能大赛怎么走，现在很多人有疑惑。

张茂贵：所以我们尽量少参加，就是浪费钱的。

席春玲：浪费钱，人的精力损耗也很严重。

四、教师培训的那些事

其实，我想参加专业的培训。

席春玲：您有没有参加过一些教师培训？

张茂贵：有，我有去新加坡、我国台湾省，也去了很多地方，也会有一些感受想法。我们学校组织的，不同专业的一起去，也参观了一些地方，听人家讲了一些东西，但是很多东西跟你了解的也差不多，也没有很多深入的感触吧。

其实，去德国也好，新加坡也好，人家班级的人数会比较少，设备也差不多了。

席春玲：专业方面的培训没有？

张茂贵：专业方面就没有。主要就是职教方面的，真正专业方面的东西还是没有去参加过。

席春玲：新加坡那里去了多久时间？

张茂贵：一周吧。南洋理工，我记得当时是从星期一到星期五听他们在讲课，现在已经忘记讲什么了。还是关于理念的东西。我现在觉得想要走出去的话应该从专业那些方面去培训，如果是理念上的东西，很多渠道都能了解到。其实，我想参加专业的培训。

席春玲：你们专业有哪一些培训啊？

张茂贵：有一些，但是了解到像国内的一些培训都是走过场的，也没有必要去浪费那个钱，像国外的就没有那个途径。国内的，我了解过的很多都是一些虚的培训，特别是针对老师的培训，基本上都是去玩一玩，晃一晃就回来了。每次有人叫我去，除非大家一起去，否则我不会去参加的。有些时候接到一些电话，我们这里有什么培训啊，什么协会啊，什么学校啊，这种都是属于旅游性质的，太多了。我也不浪费那些钱了，不去了，我都没有参加过。如果想去玩的话，就不用以这个名义去。真正能够培训什么东西出来的，我不知道是什么样子的。但是给我的感觉就是都是专家培训，在桂林啊什么的，反正就是这个样子。

感觉他们的目的和我们的目的不一样。

席春玲：你们有没有组建专业老师的一个协会、研究会什么的？

张茂贵：他们有他们的协会，我不参加他们的这些组织。教指委不是都有嘛，功利性太强，现在好多协会都这样。不是说专业性不够，感觉他们的目的和我们的目的不一样。因为广东省电子协会、中国电子协会，每一次发那些东西给我一看，我就不想去参加了。

通常我们会去跟广东省本科专业的一些老师交流，最开始还是通过比赛认识的，现在每一年都会有一次比赛，我们都会在一起，所以，华工的、中大的、华师的、广工的，每个学校有几个老师，我都是比较熟悉的，有时候一起吃吃饭，聊聊天什么的。

席春玲：这样的反倒专业方面比较能交流、沟通。您现在还是每年带学生参加大学生竞赛吗？

张茂贵：会参加，毕竟是一个交流的机会。我感觉高职院校的技能大赛就是自己作贱自己，这是我自己的看法，功利性太强的东西，或者说对钱看得太重的东西，这样的一些活动很难有一个长久的发展。

不同群体之间合作的需要是协同创新的原动力。

席春玲：你们这些人之间会不会组织一些活动？

张茂贵：主要是以比赛为主，会有一些小范围的学术交流，比如说有什么技术问题，有什么问题想要请教他们，把他们聚在一起探讨一下，这些也是有。

席春玲：那你们有没有请他们到您的工作室来看看，您去他们的工作室？

张茂贵：有，这是小范围的，不是说把所有的老师都请过来。请他们指导一下，很多都是博导、教授，跟我们不一样。我们是高职院校的。

席春玲：博导、教授可能有些东西也需要落到实处，他们现在在讲协同创新，你们有合作吗？

张茂贵：现在的协同创新不就是这么回事嘛，就是一个大的东西有很多层次，博导、教授他们去做一个总的方向把握，我们做某一个细节的事情。就是一个项目很多人来做，有总的设计师，有具体做事情的人，我们可以去承担这个角色。

席春玲：你们有没有通过一种项目的形式，协同的形式或者是其他的形式？

张茂贵：没有官方的正式说法，但是有时候他们有什么事情，我给他们私底下帮帮忙。没有上升到书面上的那种东西，今天有这个东西，帮忙弄一下，就是这样。有时间约打球，吃饭，聊天，其实也是挺好的。

协会，官方味道太浓了一点。

张茂贵：协会，官方的味道太浓了一点，没官方的，你又连机会都没有，没机会你也做不了啊。其实，不管本科院校的还是高职院校的，最终的目的应该是学生，怎么样去把学生教好才是一个核心的东西。所以做研究也好，一线教学也好，最终的目的还是说用什么样的方式去教他最好了。但是我们很多东西流于形式，所以没办法。我们要有一个东西在制度上引领大家这么去做，这才是核心的东西，不能流于形式的。

席春玲：学校有没有出台对“双师教师”的相关政策？

张茂贵：原来是从企业来的教师，就不需要你每年都去，从学校到学校的老师是要求去企业的，好像一年要去一个月还是两个月。其实，有很多东西都是不操作的。讲白了，这种东西落不到实处；真正落到实处的又不好操作，反正是很难。

但是我们可以想象，这个老师跟企业没有什么接触，你要他兼职去某些企业做一些事情，也不太现实。如果你本身就没有去为实践做一些东西，你去企业最多也就是参观一下，很难融入别人团队里面去做一些事情，你学不到核心的东西，所以我们现在要求有企业经历的，这种就不一样，干了几年的再回学校，那就不一样。原来很大一部分老师也是一毕业就来学校的，我来这个学校的时候还没有这个要求，现在招聘就有要求。

席春玲：你们学校里面，比如说到企业锻炼一年，就您那一年，有多少个老师到企业锻炼一年“2+1”?

张茂贵：也不多，有几个吧。

席春玲：他们回来也开展一些专业研发和企业对接?

张茂贵：会有一些，这个主要还是看个人吧。因为学校没有一个非常明确的机制鼓励大家去做的话，那就看个人的了。

访谈后记

张茂贵老师是本研究中访谈的第一位教师，也是一位我很早就想找他访谈的教师，这个想法是从2013年11月在广州铁路职业学院举办的一次教师工作室研讨会开始的。

了解到张茂贵老师是该校第一个教师工作室的主持人，第一次去他的工作室没有见到他本人，看到他工作室里摆放的各种各样的电子设计产品，从他的工作室的各种产品联想，这个老师一定是个50岁的样子。没想到在咖啡馆第一次见到他的时候，才知道他如此的年轻有活力，个子高大，说话比较实在，不会遮遮掩掩，对问题的认识也比较深刻，尤其是关于职业技能大赛的看法给我很大启发。对张茂贵老师的访谈也对我有极大的鼓舞，他回答了很多长期困惑我的问题，尤其是他关于技能大赛的感受、体验和思考给我很大的启发。

他本人在大学期间就是一位大学生创新设计大赛的省冠军，他的技术研发潜质和动手能力是卓尔不群的，选择做职业院校教师是发挥他才能的一个很好途径。我很羡慕张茂贵老师，他不仅很优秀，也很幸运，因为他有机会在工作中，恰好发挥自己特别擅长的方面——技术创新。

他对自己为企业做的研发工作轻描淡写，觉得好像没什么大不了的，他认为，就是珠江三角洲有很多企业需要搞研发的人，他们由于信息不对称，找不到合适的，刚好他的学生在那些公司工作，找到他，他就刚好帮它们解决了问题，似乎很轻松。技术创新对他来说好像不是重点要谈的，或许是因为我是外行，他担心我听不懂，就没有讲很多技术的问题。

不过，他讲的关于技术教育与比赛方面的问题，我想自己是听懂了，尤其是技能大赛要抓住核心技术创新来设计，根据技术发展规律循序渐进，不要随意性太大等，对我们的教育实践是很有启发的，愿我们职业院校的技能大赛早日走出被赞助商绑架的阶段，迈向新的更高的水平。

从外贸企业走向课堂：祝丽杰

访谈对象：祝丽杰
访谈者：席春玲
时间：2014 年 12 月 12 日
地点：北京路 8090 咖啡馆

一、外贸企业的工作经历

席春玲：祝老师，您好！我在做一个课题是关于“双师型”教师的，就想做个访谈。您在来学校之前，在企业工作了多久？

祝丽杰：6 年半。

席春玲：做的都是和您专业相关的工作吗？

祝丽杰：相关，就是做国际物流。我是 1994 年大学毕业，一直到 1997 年的 8 月份在广东美亚集团有限公司，这是一家民办的上市企业，我在生产经营部做外贸工作。它的生产经营部是包含了几个部门，其中涵盖了外贸部门，我是做外贸业务。1997—2000 年我读研了，就跟那个公司没关系了，就是全身心地读研。

席春玲：研究生什么专业？

祝丽杰：我读的是政治经济学。

席春玲：哦，那也是经济学。

祝丽杰：对。毕业之后，2000—2004 年在广东省 SC 企业也是做国际贸易。两种是不一样的，之前是在工厂做国际贸易，接着是在公司做国际贸易，所以工作类型不同，接触的层次有很大的区别，但我一直做的是国际物流这一块。

席春玲：为什么会去读研究生呢？

祝丽杰：其实想去读研最大一个原因，因为美亚公司在鹤山，我是外地人，和当地人还是格格不入。我 1994 年四川大学毕业刚去的时候，那里连公交车都没有，只有摩的，也是蛮落后的。我是出生在黑龙江的一个中等城市，所以觉得有落差。我在那边待了三年，觉得文化切合度不是很高，有种一直游离在人家外面的感觉。当时交了个男朋友，他也在广州，所以必须要考研，来解决这个问题。

学俄文，所以我外贸做东欧部分。

席春玲：您当时在四川大学是什么专业？

祝丽杰：俄语，俄文语言文学，所以我做东欧部分的外贸工作。

席春玲：俄语是在中小学开的外语吗？

祝丽杰：我们从小就是学俄语的呀！

席春玲：那您到这个江门外贸企业，专业对口吗？

祝丽杰：最初，他们总经理去我们学校招聘的时候说的是非常对口。因为1991年俄罗斯解体了，俄语人才需求量就特别大，因为美亚是广东做得比较好的（公司），股票都有20多块钱一股，他们计划的是在俄罗斯那边开一个厂，那就要派技术人员过去。那时候他来招聘说，你来之后是要出国的，是基于这样我才去。去了之后，我们的总经理和上层部门发生了一些争执，他也走了，那么这件事情就搁浅了，所以我的俄语在那几年是没有任何用处的，基本去了是做外贸跟单，而且我跟的客户基本上是日本客户。

席春玲：日本客户是用日语？

祝丽杰：没有，是用汉语。因为我们这个代表处是有两个人，一个人懂汉语，一个人是用英语。但是那些单证是很简单的，日本那些条款我们都是看得懂的。我们主要是文件交流，如果是其他工作交流，他们会有翻译跟我们进行洽谈。

生产型的出口贸易是很单一的。

席春玲：您原来学俄语言文学，到这边来做生产经营的外贸工作，完全是一个新的领域，适应吗？

祝丽杰：我在生产型和外贸型的企业都做过，感受特别大。生产型的出口是很单一的，因为我们做的就是毛毯，只是各种类型、各种规格有差别而已，所以用到的知识量很少。比如说，长期运作某一项，你就了解某一项就行了。产品很单一，看一本书，看一下工厂流程，基本上可以应付。但外贸公司就不同，你方方面面接触的很多。外贸公司它有代理进出口。例如广东SC公司下面会有些丝厂，他们因为没有进出口权，必须要经过我们这个外壳进行出口，我们只是做代理，可能你今天做的是板凳，明天做的是服装，后天做的是电饭锅，那你需要了解的层面也不一样。以前我在第一家企业的话，基本属于出口，进口是由另外的部门来做。另外从贸易形式，一般贸易包括加工贸易和其他的贸易形式，我们都做过，所以接触的东西会丰富很多。基本上我们现在国际贸易书中讲的类型的百分之七八十我们以前都有做过，就这一点比较好。

在外贸公司，方方面面接触的很多。

席春玲：现在书里面讲到的，您过去在贸易公司都有接触？

祝丽杰：对，加工贸易他们都说很难，我以前刚去时接的业务就是加工贸易，他会有手册的签发、核发、报关，我们都有做过。因为有原来的工作经验，所以现在讲国际贸易也好，报关也好，都比较得心应手。只是货代没怎么做过，当时货物代理是外包的。

席春玲：您原来在企业做过外贸这一块，研究生又是读经济的，是因为您有这个工作经历？

祝丽杰：这个也不是，因为当时也是机缘巧合。我们有一个同事，他想考中大的，他说你不如考社科院的，因为社科院的经济专业当年是不考数学的，其他的要考高数。我大学是学语言的，没有学过高数，所以很困难，但是我不想考太偏门的。

比较年轻吧，还是喜欢公司。

祝丽杰：2000年研究生毕业，当时有个中专学校他们要我了，我不想去，还是想去公司。我觉得比较年轻吧，还是喜欢公司。

席春玲：为什么喜欢公司？

祝丽杰：我们是教师家庭，我妈妈当教师、姐姐当教师，所以，我姐姐特别反对我当教师。她说从学校到学校，经验不足，人脉圈子会很窄，对社会的了解不够全面，还是希望我去企业。

二、为什么到学校

席春玲：哦，那是什么巧合到了学校？

祝丽杰：这个要说到我的语言背景，我是学俄语。在跟俄罗斯做贸易的时候，他们外汇管制得是比较严格的，跟我们国家差不多，有的人可能想用卢布换成美元跟我们做交易，总是会受到一定条条框框的限制。

灰色清关是有风险的。

祝丽杰：另外，跟欧美相比，俄罗斯那边很多做法不规范，有一个灰色清关。正常的货物进出口需要报关，一定要交进口相关的税才可以进来。所谓灰色清关呢，它表面上的程序还是这么来，但是低报价格。交税的时候一个从价，另外一个从量，还有一种是复合。所谓复合就是又从价又从量，二者相加就是你要缴的税，当时这三种用得最多的是从价的。

当时他们就低报价格，少缴税，但是海关他们也不傻，在申报的时候有个环节要查验审核，所以灰色清关跟海关有着千丝万缕的关系，他们睁一只眼闭一只眼，我也报了，正常手续进来的，我可以缴很少税，但是有很大的风险，我们也做过，灰色清关是有风险的。如果进关公司搞不定，货就会被扣掉，俄罗斯那边说要收到货才给钱。

还有，当时在美亚的时候订单很多，我们做不过来，不用考虑怎么找客户，只是简单的跟单。到了贸易公司就不同，没人给你找客户，你得自己找，这也是一个很大的挑战。

每年都有定业务量，要自己开拓，压力还是蛮大的。

席春玲：您一直说的这个“清关”是哪两个字？

祝丽杰：清楚的清，海关的关，所以我们当时就觉得，大家都这么做，如果你不这样做，你的货就没有竞争力，这么做的话就会有风险。另外，我们公司也没有给你提供客户资源，你刚去的时候，会有老业务员把零散的、很麻烦的客户扔给你，其他的就你自己找。每年都有定业务量，这个压力还是蛮大的，要自己开拓。刚好我现在这个学校2002年升高专，他们也招人，也想要招有企业经验的教师，我听到这个消息之后就去报，去面试。

席春玲：俄罗斯生意不好做，压力大？

祝丽杰：对，不好做。有时候，我还是会跟原来的客户、朋友有一些联系，今年就更不好做了。乌克兰事件之后，现在欧美对俄罗斯制裁很厉害，卢布贬值，一落千丈。有客户过来说，采购都很困难，没有购买力。

席春玲：如果学英语背景的话就可能会继续做？

祝丽杰：是的。

公司有奖金和其他的，收入要比学校高。

席春玲：在公司的收入应该比学校多？

祝丽杰：我当年在SC进出口公司的时候就已经比现在多。虽然看起来工资不多，我们是靠奖金。因为国有企业会有其他的收入，比如说出国补助很高。我们做教师是没有弹性的工资，但是企业那里会有一些公关费用之类的，会好很多，一般的业务员都会比我们好。

席春玲：那从业要求是不是很高？

祝丽杰：我们公司就是一定要本科，研究生比较少。因为它是做业务的一个公司，就算是研究生也要从头做起。我当时去的时候是有选择的，他问我要不要去总裁办，我喜欢做业务，我总觉得自己性格不适合做行政，我从来没有考过公务员，我觉得我不适合那种环境，我有点待不了。我更喜欢业务，你有多大的能力就挣多少钱，就比较踏实。

席春玲：如果在那边，工资还是要高点吗？

祝丽杰：高，我现在也有问过，有时候还是回原来的公司去跟那些人聊天。他们说：你现在就好啦，吃皇粮。实际我了解学校还是不怎么样，而且在公司这么多年没走的话，如果能熬到小部门的副总，总公司下面还有很多子公司，子公司的副总10年前的年薪是28万元，还有奖金和其他的，要比学校的高。

学校表面看没压力，实际有很多无形的压力。

席春玲：和学校比起来，压力还是不是更大一些？

祝丽杰：我现在回头想，其实没有办法比，一个好像是有形的，一个是无形。

如果你在一个公司工作了十几年，你也有自己的圈子，你也不会觉得特别的累，而且工作时间也是比较弹性的，比如说我们做业务的，你只要完成销售量，就不用每天都去，比如你今天累了，你可以不去；比如我今天要去海关，没有人知道你的业务，都是各管各的。你只要完成，你也可以在家里遥控。

我们学校就不同，学校表面上看起来没什么压力，实际上有很多无形的压力的，而且现在的学生也不好教，很挑剔。你在上面讲，他在下面百度，然后开始提问的都有。

席春玲：噢，您到学校后，去的哪个系部？

祝丽杰：我一直在学校的物流教研室。

席春玲：教学生，您适应吗？

祝丽杰：还是比较适应，因为我研究生的时候就去电大上课，有一点点的基础。我可能注定来学校，在公司有段时间闲着没事，我就考了教师资格证。这是在应聘之前，现在回头来看，是有一些教学方法不太得当，我总是想把我在企业的工作经验毫无保留地告诉学生。为什么？因为我们到企业是没有人教的，大家都是竞争关系。

公司里没有人会告诉你，全部是要自己学。

祝丽杰：我感受最深的是我到第二家企业，因为第一家企业的工作比较简单，没有什么人教你，你也能学会。第二家企业，我刚到就交给我一项加工贸易，学过国际贸易的人就知道，加工贸易是很烦琐的，一开始你要去申请那个手册，按照那个手册进口、出口，最后又要核销，非常啰唆。我不懂就去问他们，他们就说，我们也不懂啊，我也刚接的，你去看看其他的子公司有没有人懂？基本上不让你接触一些核心的东西。

比如说票据，我现在做久了就知道，任何一个票据当中，比如说要出口退税，他这张发票税局只看关键的几项，这几项没错，其他的稍微有点错你不用去重开。你不懂的时候就要100%正确，不然就要重开，这会给你工作带来很大的麻烦，也给对方带来很多麻烦。

没有人会告诉你核心的东西，全部是要自己学，我自己觉得挺辛苦的。在做这件事情的过程中有没有更巧妙的方法做得更好？没有人会告诉你，所以我经常跟学生讲，你现在不听，到时候你到企业你就知道了，工作的核心内容是没有人会告诉你的。

不同的企业，眼界是不一样的，真是见多识广。

席春玲：您是自己做了一遍，自己琢磨出来的？

祝丽杰：当时也没有琢磨明白，因为我没有国际贸易的学习背景。毕竟你的理论知识不扎实，你只是知道这个事情这么做，你做得多而已，实际上你没有想得那么深入。但现在我通过教学，再用理论去理解工作，就会理解得很透彻。这有一个重新学习的机会，如果我现在再重新回去做国际贸易，我做得就不一样了，因为很多东西我明白了。

当时还是傻傻的。我现在就回想，我们有一部分的业务员，他们是利用公司的壳，赚他自己的钱，这么做是不对的。当时你不知道他天天在干什么，他的业务也做得不好啊，他怎么赚到钱？通过教学，我现在就完全理解他在哪一个环节怎么给自己赚钱，尤其是自由的客户，怎么走算我的业绩；如果我把这一单给别人，从别的地方走，那么全部利润我跟那个人分。

另外，国有企业有很多的配额，我们国家限制一些产品出口总类和数量。怎么限制呢？就是靠配额，你拿到许可证才可以出口。以前我们公司是有一些配额的。配额的发放有两种渠道：一个是竞价，一个是分配。为什么分配给你呢？就是根据你的能力和以往的出口业绩，所以我们有一些配额是以比较低的价格拿到，业务员他就把配额卖掉。当时你不懂，他卖掉也是有一定的技巧。比如说这是我们的合作方，他现在要从你这出口，他只是单在那里过一下，就能赚到钱。但是当时你不懂这些人都在干什么？

席春玲：现在教了之后，就很明白？

祝丽杰：是，不同的企业，眼界是不一样的，真是见多识广。你没见过那么多，可能在讲的过程当中，教的过程当中，讲得不够全面，就会有这些问题。其实，企业的做法是不规范的，你在教学的过程当中，你不可能是这么教。

席春玲：哦，他们企业这么做，是为了赚钱。

祝丽杰：是的，因为中国人很灵活，我们做外贸、做报关还是有很多做法。要看你怎么讲，你不能给学生讲得那么死，但是你在一开始就投机取巧也不对呀。

三、国际物流专业教学

学生理解不了，他们没有做过，没有画面感。

席春玲：您最初到学校的时候，是想把这些都告诉学生吧？

祝丽杰：是，所以教学过程中你会填鸭，你猛说猛说，其实回头想，他们理解不了，他们没有做过，没有画面感。不像你做过了，他没做过，他不知道。每一堂课上的知识量、记忆量太多太满，效果不好，现在删减了。我知道工作中90%用不到的我就会删，为了上课的理论体系讲的实际上没怎么用的。我现在讲课告诉他们学习方法，你毕竟要本着可持续发展的原则，我们不可能通过一门课教给他所有的，你要告诉他，你可能会遇到什么问题，你要知道通过什么网站途径去找。

席春玲：课堂从满满的，到减少一些了？

祝丽杰：对，只讲核心的，然后告诉他方法，告诉他一个思考过程，如果遇到这些问题，先让他们自己想。比如说，我讲了一个案例：我明着坑你们的啦，你能不能发现我是怎么坑你的？我准备在哪一方面坑你，你怎么防范？这主要还是让他们自己学会思考。现在的小孩子他要想学习的动力，他可以通过很多途径学习。现在他们就是比较被动，被教师填鸭填惯了，都不思考，就是等着你讲。

书上案例太理论，不实用。

席春玲：您平时讲课，案例会不会比其他教师更多一些？

祝丽杰：我不知道，我没有听过其他教师的课。我们书中那些案例是比较教条的，我觉得它太理论、太书面了，不实用，我会做一些修整。这些案例讲，出现了这个问题你就去法院告他。我就跟他们讲，我们这么多年告过吗？实际上，我们就告过一次，才赔了我们七百多万元，那是必须得告赢了，但经常是告了很多年也没有赢啊。

实际上，打国际官司是很麻烦的。你不可能想着，出了这个门店你就去告他，其实，你有更多的方法将这个问题处理得更好，减少损失。索什么赔啊？我心里想，实际上不是这样做。我就会跟他们讲，理论上是行得通，实际上不行，我就问他们有没有更巧妙的方法，让自己损失降到最低。

真实的案例是这样的。

席春玲：在公司，你们如果有损失呢？

祝丽杰：就自己承担啊。业务员自己背，业务员就有压力。

席春玲：几万可以，但是十几万上百万怎么办？

祝丽杰：我们公司就有一个业务员，就是赔了几百万。这几百万是我们公司的一个耻辱。他发货，第一批货没收款回来照发第二批，第二批货没收款回来照发第三批，发了几百万的货到国外，然后收不了钱。他就说我引咎辞职，公司不让他走。他有责任，他的顶头上司也有责任，每次发货都要给经理签字，可能经理审得没那么细，不了解情况就签了。从法律的角度讲，他才是法定责任人，业务员是经手人，他就公司养着。

我一开始不太明白，他不按点来，又没有任何业务，后来他们就说了这事。

席春玲：那怎么不用他赔偿啊？

祝丽杰：他有什么赔偿能力啊？就比如说，我是经手人，那我完全可以说我是学业不精，被客户坑了，但如果说我是跟国外客户合起来诈骗的，这很难举证的，而且这合同上没有我名字，是领导签的名。

席春玲：那领导会受相应的惩罚吗？

祝丽杰：顶多就降一个级，不会让你辞职或者赔偿的。

席春玲：那这几百万的损失是国家赔偿吗？

祝丽杰：对呀，国有企业就国家买单。我们总公司下面的各个子公司是自负盈亏。有一年因为一个事，我们整个公司几十号人都不发奖金，不管你赚了多少钱，因为你们公司总的来说，盈亏相抵，我们发奖金是受几个条件的限制，你要完成指标，销售额的利润，利润是所有收入减去支出之后，按照比例给你分，这是第一个条件。第二个条件是你公司下的子公司亏了，即使你自己赚了钱，你也没得拿。刚刚说国家背，实际上也没有，可能是其他的公司抵的，总共加加减减还是有盈利的。

席春玲：哦，还是大盘子里算的。

实战培训更有用。

席春玲：您到学校后，有没有参加什么培训？

祝丽杰：参加了几次，第一年参加了深圳职院的，广技师这边也有，假期都会去培训，第一次是一个星期，第二次是两个星期。

席春玲：深圳职院是学什么？

祝丽杰：那一次可能是想推广物流考证吧，广东省劳动局就叫了各学校相关的任课教师去培训和考核。基本上是讲一本书的内容，讲完了之后就考试，看一下你们是否符合。第二次是教学理念、教学方法的，当时深职院他们的理念还比较好，工学结合的理念虽然还没有提出，但是他们的做法有工学结合的理念。

席春玲：你们学校的教师都去？

祝丽杰：全国各地都有，我们学校物流去了两个。通识的培训会去华师。寒假暑假，一放假就去。

席春玲：广技师也是培训？

祝丽杰：广技师有一个沙盘的培训，既有培训也有对抗，教师之间进行对抗赛。广技师一般比较短期，就三天。这个更多是实操，是模拟企业实际运作经营。比如说，你要兴建一个企业，每个给你8 000万，你可以买设备，买生产线，买厂房，你怎么花这个钱，把这个企业做起来，第一个要考虑自己，要考虑竞争。产品没有得卖，资金就会断裂。我们前面都有了解，他只是大概讲一下规则，就像我实际经营，市场的规则变了，你们的做法就要变，基本是一个模拟对抗的形式。

席春玲：这个培训有收获吗？

祝丽杰：有收获，这个不算是很新，很多年前都有了。你教学理论头头是道，但是你可能做的还不如学生，所以教师比赛，对自己也是一个提高吧。我们去了5个，5个教师成立一家公司。

学生，只有做了才有感受

席春玲：平时，你们学生有没有实操训练？

祝丽杰：我们也有。我们为什么要去呢？实际上我们教师规则讲得头头是道，但是各个规则之间的纽带关系，怎么随着市场去变，就比如说今年金融危机，市场需求量很小了，那你不做了呢？还是减产？还是照做？每个人的做法会不一样。

我觉得学了之后，自己的运用能力会提高一点，就不会讲得那么理论了。

席春玲：只有做了才有感受，只有去实习以后才会理解。在学校里面讲，就会比较难讲。

祝丽杰：对，我现在教的三门课都是实操的，我摸索了这么多年，我觉得实操是比较难的。实操是讲很多流程，流程是最无聊的，你怎么来讲这个流程呢？所以不停地去改。

我一般上课第一节课是不讲课，我会说课，说这门课首先学什么，学的当中我们要用什么方式来学，学完之后能做什么，每个人都有自己的职业定位。如果你想学的话，你要好好学，包括你的学习方法、学习资源介绍得很清楚，课后你可以去看这些网站，它是和你的专业相关的。你可以看些什么书？你能干什么？我是每次都会说得很清楚。你自己考虑要来怎么学习这门课。

外贸实习，核心业务不会让你动，动就是钱。

席春玲：你们有没有学生去企业实习？

祝丽杰：不接受啊！比如说外贸专业，如果你去联系外贸，核心的业务不会让你动，动就是钱。

举个例子，我有个朋友开家公司，他那个业务员接了个电话，说我这个货是走海运的，但那边客户开超市，要先开单先做起来，说要一部分先空运，剩余走海运。他没听清楚，全部空运，一下子十几万的运费呀，人家客户不买单。这不就是钱嘛，因为那个客户还是合作多年的，那算了，一人一半吧，那也是几万的钱啊，所以人家不会让你去做核心的，我也能够理解。

所以你去做的话，第一个是做边缘的，做一下发票，师傅给你的样本，没有人会跟你讲，大家都很忙，也不愿意。我自己深有体会，如果让我带一个徒弟，我情愿自己做，因为你做了我还要去改，浪费时间，更烦。第二个货代本身职位比较少，操作你要懂流程，另外货代属于中间环节的，货代公司本身自己规模很小，容纳不了多少实习生。

报关更不用说，你在报关行做一段时间，你的脾气都会变得不好，我们以前就是回去催，好拿回来报税。一天一个人掐着几十个单，海关也要去查货，他很烦的。

我做国际物流，跟生产物流不同。生产物流放一批人到德邦快递公司，一下子就放了很多人，他们做的那个工作比较机械，而且一般不容易出错。像我们这个还是需要技术的，挺难的，所以有时候带他们去港口转一圈，让他们有个大概的印象。现在（去港口）真的太远了，自己联系车，费用怎么弄，学生愿不愿意出，还有一个是安全问题，这一块挺难。有一些学校就通过买软件模拟，基本上能够解决这个难题，不用去现场，现场没什么好看的。

报关员技能大赛。

席春玲：您去做技能大赛报关的裁判了？

祝丽杰：是。

席春玲：这是一级一级选拔上去的？

祝丽杰：自己先报名，报到省里，最后教育部委托天津一个学校作为主办单位，教育部下面有专门管这块工作的，然后他们就随机抽。广东2个人，全国9个人。

席春玲：就是报关技能大赛？

祝丽杰：报关员，未来的报关员在实际操作当中应当掌握的技能，而且这个技能大赛跟物流不同，物流是做设计方案的，但它就是完全贴近工作，就跟工作一样。

席春玲：是速度吗？还是准确？胜出的标准是什么？

祝丽杰：两个都有。现在跟海关接洽都是在网上交单，交单是有一个流程，你这个单要往哪儿交，有的就交错了，它是挺复杂的。货品进口、出口要向海关申报，它实际上是一个事情，就这一个事情要讲120学时。

同一个产品，中国企业要进口，企业的类型不同，进口放置的位置不同，海关监管手段全都是不同的，你报关的时候要不要交许可证，要不要交税等，根据企业性质和货物的最后流向，会有很多单给你选，填这个单跟那个单是不同。国赛的时候一个省才两个，他答不完，这个流程走不下来。

比赛还是有技巧的。

席春玲：你们这些裁判有什么样的感受？

祝丽杰：首先，从教师教的角度，第一个环节很多学校就卡住了，因为报关是没有讲这个环节的，货代和报关相连接的，如果教师没有学过货代，就直接讲报关，第一步就找错位置，找不到窗口，可能在教的过程当中，教师还是需要有个体系，课程贯通的问题。

第二个学生在学的过程中要更多自主思考，这个比赛3个人一组，有的队完全是乱的，他不会思考，不会小组讨论。比赛还是有技巧的，有的人就很聪明，来了之后模拟报关，他不知道那个窗口，他不交，他就先看别人，在这里交错了，他就立马离开，他就少了一次扣分的机会。有的时候学生还是单纯直线地想问题。

席春玲：考的是综合性质的？

祝丽杰：看3个人一团队是怎么配合的，你要在规定时间内完成。因为报关是死的东西，教师有没有讲到核心点，有没有讲到货代跟它的联系。

报关这门课很枯燥。

席春玲：在平时教学中，你们会不会把它变成竞赛流程来训练？

祝丽杰：不会，为什么不会？报关这门课很枯燥，而且报关最后对应的岗位很单一，就是一个报关员，没有第二个岗位。报关员可以工作的地点一个是有进口需要的外贸公司或工厂，另外一个专业做报关的比如报关行、货代公司，其他的就没有了。

报关员工作挺枯燥，天天要去职能部门，天天去海关，要看人家脸色。现在可能还好一点，以前我们一去，啪！一下子全扔出来，这错了！哪里错了？这一沓单子，根本就没空理你的。

席春玲：你们做这个裁判也是一个全国的交流。

祝丽杰：也是，裁判是抽的。我问过一下别人，他都没教过这门课，就大概知道一点。

我们只是作为海关窗口工作人员。

席春玲：哦，那怎么做裁判呢？

祝丽杰：因为这个裁判跟其他的不一样，从职称上有中级、高级，从人员上有学校教师，有企业的，还有报关公司的、海关人员等构成，不用现场打分，我们只是作为海关窗口工作人员，所以有一些教师即便不是很懂，也无所谓，有些窗口不用你说话，你就刷一下，有些窗口会复杂一点。

席春玲：那成绩是怎么来的？

祝丽杰：这就跟实际情况一样啊，假设有60个队，谁最先完成所有的（流程）进电脑的，电脑都是按顺序的，最后一张单打出来给他们就会放行的，就跟海关一样。那他就是做得最快、最好的。你做得不准确的话，前面的窗口就打不出来，你就过不到下一个窗口。

席春玲：哦。比赛还是按照电脑的那个成绩来给分。这个其实是测准确度，测速度。

祝丽杰：这个比赛跟工作的贴合度特别大，工作也是这个样子的，比赛中你可以胜出的话，基本上就可以去报关那里做事了，马上可以上手。

席春玲：噢，学了国际贸易，学生去报关行做，应该一两个月就能上手？

祝丽杰：可以，其实学国际贸易跟做报关没什么关系，就学报关一门课就可以了，稍微补一点国际贸易和货代的知识。你主修报关这一门课，你就可以上任。

席春玲：那这样的话，职业教育就很简单，他要考个报关员，甚至都不用读三年，学一年就可以？

祝丽杰：学一年做报关是可以的，其实做国际贸易也可以，技能是很容易的，支撑这个技能需要前期和后续的一些课程。

席春玲：也就是说，做这个报关员培训时间可以很短，一年时间培训应该足够？

祝丽杰：但是你那个职业生涯往上走啊，你要考虑可持续发展性，其他可能性。

专业的出口很多，不知道学生去哪一个出口，只能每一个都教一点。

席春玲：以后有终身教育支撑的话，他可以一边工作一边学习。

祝丽杰：在课上，我会说你做这一行，你要去关注哪几个网站。你要告诉他方向，他才去学。现在网上的资料鱼目混珠，那些论坛这么说那么说，那可能是不对的。

我就举例子，以前我们同一批货，在黄埔海关就被扣，第二次我们就绕了一下，从番禺的莲花山过关就没事，所以各个海关理解和实际情况是不同的。

席春玲：西方考一个资格证学习一年时间就够了，然后你愿意学的话，可以随时学。报关员按理讲也可以就学那几门课程，他做了之后愿意继续做，终身教育可以配上。

祝丽杰：比如说，他先做报关员，接着做报关主管，之后是报关经理，经理之后你就要跟报关行、海关之间去做一些交流、沟通，也可以自己出来开报关行，或者做货代，我有同事就这样做的。因为做货代里面也有做报关的部分，如果你想做得好又不违法，你可能就要多关注国家相关政策及规定。

席春玲：还是要继续学？

祝丽杰：是的，就像您说的，如果做基础的报关，一年就够了，做国际贸易一年也够了。

席春玲：我们是三年时间来学，有必要吗？

祝丽杰：以我们物流人才培养计划为例，最后的流向可能是做采购、销售、第三方物流、国际物流，有很多方向，就不知道你要去哪儿啊，所以就什么都学一点。这个专业最后的出口很多，你不知道学生去哪一个出口，你只能每一个都教一点。像你说的那个做报关，我们就很清楚，其他都不学，那一年就够了。

四、教师与学生之间

学生上课提不起劲，我很受打击。

席春玲：是啊，学生在学校里因为不知道他去哪里，每个课都学一点。比如说我就学报关，我就把报关学得清清楚楚，这种教育更有针对性，也更有效。我以后就往这一方面发展，我再继续学习。

祝丽杰：其实我觉得学生的入口就有问题，我们报关物流的学生上课提不起劲，我很受打击，我说："哎，我讲的就这么无趣吗？" 他说："不是，老师，我根本就不想学物流。尤其是在短期的实训时，我去了苏宁、京东，我天天在仓库里做扫码这些活，我就不想做了"。我说："你当初报的时候为什么想学这个专业？""我也不知道干什么的。" 他开始选择失误，到了学校之后，他又没有办法二次选择。

实际上，学生不知道他们以后要做什么。不是每个教师都说得清楚我这门课到底是跟那些职位有关系，有一些课可能没办法说，有一些教师可能自己也不是很清楚。学着学着他也不知道为什么学。学习没有了目的性，就随便学，到最后他也不知道怎么回事。

老师，我根本就不想学物流。

祝丽杰：要像你说的，学生很明确我要做这个，就学这个。我们也有这种学生，我当时教了几门课，上别的课他就是那种懒懒的，但他唯独上报关这一门课经常坐第一排，他就考了报关证，他现在就在报关行做得挺出色的。其实那个学生，按照我们的认知，他属于后进的学生，上课经常睡觉，哪个教师会喜欢？但是他目标很清楚，我就学这一门课，我就学好它，那也够了，他现在在机场那边做得挺好的。

席春玲：那您有没有跟他有交流，他为什么一定要做这个，以前有没有人告诉他？

祝丽杰：有些同学家里有人做这一行，就觉得做这一行挺好的，你也来做吧。以前觉得做报关员前景一片美好，其实根本上没那么好。有的还是愿意做，他就会好好学，而且男孩子愿意做得多，女孩做这个比较少。这主要是这个工作性质，天天跑海关，一般来说男孩做得多，做货代的会有女孩，国际贸易的还需要外语基础。

学校教师之间的交流更少一些。

席春玲：你们的教研室有没有什么活动啊？教研啊什么的。

祝丽杰：教研活动基本上是开会，关于专业就很少，我们就会分得很清楚，像是国际物流的就我跟另外一个教师教。其他的由哪些教师教，都是定好的。其实大家专业之间，交叉的很少。

席春玲：就课程教学，你们教师之间沟通交流多吗？

祝丽杰：本校的不是很多。我跟另外一个教师聊得挺多，我是从企业的角度来讲的。不要因为你在企业待了就可以对人指手画脚，每个人都有每个人的作风，所以我们一般不说这个，我们一般会说下学期教什么课，你涵盖的内容我可能就不讲了。内容节选的角度做一个交流，当然我们也有交流教法，比如说物流，这个学期谁的课教得比较好，我们去听，很多教师的教法是不可复制的，需要很多支撑条件的，我们去听听课，去学习学习。

席春玲：团队形式的活动有没有？你们教研室主任有没有带头搭班子？

祝丽杰：我们专业就少一点，什么示范专业、重点专业我们都不是，所以在资金上就没有什么扶持。如果有一些示范，省里面给一笔钱，你要建设，建设过程中大家的交流和碰撞就会多一些。像我们物流专业又没有钱，又没有带头人，是有点低洼的，没有带头人就大家各自建设，主任也就是开开会，听听课。我觉得我是不好意思提人家有什么问题。因为你不知道他心里怎么想的，有的人就会改，有的人就会说你怎么鸡蛋里挑骨头。

晚走十分钟，校车都走了。

席春玲：同事之间会有这种。您从企业到学校，同事文化有什么不同？

祝丽杰：企业同事间交流会多一点，教师交流比较少。第一个是因为我们原来是做业务的，基本上各自为政，不怎么需要合作，我们是各人负责一块，比如说对一个客户，从开始找，一直到退税，所有的事情都是你一个人跟，顶多你找一个助理。虽然有竞争，但我们是一个团队的，你跟其他的团队是平行的关系。企业文化也挺好的，谁出国了就会买东西回来，下午也偶尔会买水果。到了学校，像是我们现在在白云校区，晚走十分钟，班车都走了。大家的课又不在一块，除了开会，没有什么交流。

席春玲：也不会讨论学生方面的？

祝丽杰：我们现在是大班上课。比如说我现在一个班120个人，你都认不全，除非那些有特点的。交流的时间受这个班车的限制，有时候学生问个问题：哎，下次，我只有10分钟，我们5点10分下课，5点20分班车就开走了，你要还电脑给教务处，你还要跑到下面，来不及了。如果你做班主任，还好一点，如果不做班主任，平心而论，一个班你是认不全的，一个学期比如说我教6个班，300多人，我哪认得到你啊。我们专业大班教学人数会多一点，商务英语专业他们就会小班教学。

席春玲：实操课的学生会少一点吗？

祝丽杰：我们实操课就是两周一个课程实训，做项目就分组，5个人一组一套电脑，思考研究你们的企业策略，给学生讲清楚规则，然后就是开始做，教师基本上就是巡查，做的过程当中顶多偶尔总结一下。我们做一些物流社会调查也是以组为单位，教师基本上指导加监督。

席春玲：大班也会影响教师的发挥吧？

祝丽杰：会的。我们昨天还提建议，因为我们的麦克风是固定的，我的亲身感受是有时候站到这个班的中间去讲，感觉特别好，因为第一个学生不敢玩手机了，第二个你站在那儿应该会很近吧，人都是这样，离得近自然会去听你讲什么，但是有时候真的很痛苦，讲完4节课，整个嗓子痛得不得了，我们上课又是不让坐的。如果是小班教学，就要换成24节课，我们每天排课不能超6节，那你就要来4天，还有半天（星期三下午）要开会，那你周一到周五都在这儿上课，其他的事情你完全做不了呀，那还有其他的事情要做呢。

五、学生实习就业的那些事

席春玲：其他的事情指的是什么工作？

祝丽杰：比如说你不是在搞校企合作嘛，像我们有一部分的同学去苏宁，下班之后还要去看一下，关怀啊，不是指导，其实我们指导不了，我们去看：哦，老师来看你们来了。

席春玲：去苏宁的基本上是三年级？

祝丽杰：对，我们是“2＋1”，最后一年本着自愿、专业选择的原则，每年有几十个人去吧。

席春玲：那还有一些人不去怎么办？

祝丽杰：自己找啊，教务处搞了一个平台，你自己找了单位，你在那里做什么，你在单位的师傅是谁，联系电话，你在校内的指导老师是谁，全都写在那儿，监控监管。

学生很奇怪的，自己找的工作再差，他也愿意去。

席春玲：大部分学生是自己找工作？

祝丽杰：大部分是自己找。学生有一个很奇怪的心态，他总觉得学校是坑他的。我就会问他们：“哎，学校给你找的苏宁也挺好的，你为什么不去？”他总是想：学校是不是把他给卖了？实际上不是，他自己找的还远不如苏宁，但是学生很奇怪的，他自己找的再烂，他也愿意去。而且苏宁人家也要选，不是你想去就能去。

席春玲：学生怎么会有这种心态呢？

祝丽杰：我也不知道，我现在都不想理学生了。以前我还帮学生推荐单位，推荐了之后，他不考虑你要有始有终，你不做了你要对单位有交代，你们是祝老师推荐过去的，他们不管。开始我推荐几个好的学生，假期先去做一些基础性的工作，先要培训。我推荐了几个，他也挑了几个，人家还给安排了住，还给他们找了阿姨煮饭，因为那边是做保税物流的，又找了经理培训完以后，第二天就有人打电话说：“老师，我不想做了。”哎，你不做我能说什么呢？你也不能强迫人家做啊，我问为什么，他说不想就是不想做了。他不做了，后面又有几个人不做了，我们一共退了6个人。

教师推荐工作，两头不落好。

祝丽杰：后来那个公司再也没有跟我们合作了，也是一个关系比较好的保税物流公司。说你们的学生太不负责任了，他说不想做了，我说为什么不想做呢，他说他要去三下乡。你们学校这么儿戏吗？三下乡活动没有一个提前的安排吗？应该很早就要告诉什么时候三下乡。你三下乡为什么要来我们公司呢？

哎，弄得我也不知道怎么说，那个学生自己找了一个托词，就说我要去三下乡，不能做了。但是企业他觉得自己付出了一个培训成本，而且给你安置了很多东西，反正诸如此类的事情很多，就弄得我们没有办法跟企业交代。后来我也自己去侧面调查了学生的心理，他们就觉得自己找的好，那他自己找，很多人都觉得自己找的好，他可能没有在外面碰过壁，不懂珍惜，我是觉得有点这种心理。

席春玲：学生这种不负责任，在学校没有进行一些契约精神教育。职业教育有没有这方面啊？

祝丽杰：我们物流没有，但是有些专业有，这个是非常必要的。我觉得像技能这种东西可以在工作中去学，但是基本的素质问题、基本的做人的道理是应该在学校学，这是我个人的看法。技能很简单，就像您说的，你看报关，他想学的话，半年就可以学会啦。自己认真钻研、看书、看论坛，也能学到很多。

这些我们也感觉得很头痛，我们教师也讨论过，一般不敢轻易推荐。用人单位也说：祝老师，你帮我们找几个人，我说刚好我们有那个招聘会，要不您公司自己来选，不想给他推荐了，推荐了两头不落好。

老师，学校是不是赚了我们的钱？

祝丽杰：有一次，有学生去某个公司工作，回来就跟我说：老师，学校是不是赚了我们的钱？我说：啊？！因为他去的企业有好几个学校，给的工资不一样。他就问：为什么那个学校的学生一天给110元，我们才给100元，是不是学校克扣了我们？

我就说：没有，你们想一想，你们的工资是不是直接发放的？学校根本没有接手工资，按人头发给你们，学校根本没有介入，是企业直接打到你们的账上，跟我们有什么关系呢？顶多是那边的老师厉害一点，帮学生争取了午餐补助什么的，我们就没有争取这部分咯，但实际我们是没有克扣你的。网上有报道，以前出现过学校中间赚了差价，学生就一下子想到这里。

席春玲：哈哈，这个学生也有意思。

祝丽杰：他就会经常去打听，别人挣多少钱，我挣多少钱。

还有一个很搞笑，就是今年我们去苏宁的时候，是去了两批。第一批是“十一”去，第二批是“双十一”去，结果第二批苏宁就有个评奖活动，学生就来质问我们说：老师，为什么我们去的时候就没有评奖？他们去的时候就有评奖？就好像受到不公正待遇。我们就解释，“双十一”工作量大，比较累，他是为了鼓舞这个士气，弄一点评奖。另外评了个奖只是个荣誉，没有给钱，你们没有亏。

席春玲：这个学生的教育有很多方面的啊，在走出校门之前，怎么调整学生的心态，特别是怕吃亏的心态。

祝丽杰：就是怕吃亏。我觉得还有一问题，就是越级报告。我们学生如果跟教师发生冲突或者误会，他直接会捅到学校或者捅到系里面去。我觉得这个也应该和学生讲的，一到工作实际当中，你越级报告了，学校会批评这个教师，还是要教师跟你来解决嘛。你为什么要将这个矛盾扩大化呢？我就不明白。

职场有职场的规则，这些我们没有讲。

祝丽杰：还有一些基本的素质，上课的时候手机铃声会响，迟到了也没有任何说辞，就大摇大摆的，其实做任何工种，基本的素质还是要的，责任感、尊重，要告诉学生职场的基本规则，职场有职场的规则。这些我们没有讲。

我们学校有一个专业做得比较好，市场营销专业他们就有开职业素养教育。我们就没有开，因为那边有一个教师做了一个这样的课题，我也参加了，对这一方面就比较了解，我们这边的课原本是上两年半的，2.5 + 0.5，现在是2 + 1，很多课就被压缩没了。这就是一个认知的问题，你是觉得专业能力更重要呢，还是基础的职业素养重要呢？这就是一个取舍的问题。

席春玲：那学生也是挺有好玩的。

祝丽杰：哎呀，我也没想到，就评个奖就投诉，还来质问教师为什么苏宁是这样对待我们。

访谈后记

对祝丽杰老师的访谈很舒心，好像是朋友之间的聊天，由于在咖啡馆里，气氛比较轻松，她是娓娓道来，几乎没有太多的设计。她谈的都是学生，都是自己的专业，我们就顺着她的思路缓缓前行。她提出的一些意料外的话题，例如要不要给学生介绍工作、外贸企业的不同类型、外贸实践中的各种案例、学生对专业学习没有劲等等，对我来说都很有冲击力，这些都是我本人在做访谈准备过程中根本没有想到过的问题，她讲得是那么的鲜活，而又深刻。

她具有很强的专业反思精神，对自己教学工作经常性的反思促进了她在专业上的成长。她从一开始想把所有自己在企业工作中的经验都告诉学生，到后来逐渐从学生实际出发，通过问题引入，激发学生的学习兴趣，再到关注专业和职业方面等根本性问题的教学。

在祝丽杰老师的访谈中，关于学生为什么对学校推荐的工作不信任，这个问题是十分值得反思的。学生不仅接受学校教育，他们通过网络也在接受社会教育，所有关于大学生毕业实习方面的信息他们都会比较敏感，加之传播的便捷性，很多媒体关于一些学校对毕业生实习方面的不规范做法的扩大化宣传，在很大程度上引发了学生对学校推荐工作的不信任感，学校教育如何应对信息化时代的社会影响也是值得关注的，当媒体上出现有关大学生毕业实习方面信息的时候，学校就业部门、辅导教师必须做出应对，可以组织学生讨论有关论题，引导学生理性分析，避免以偏概全，为后期的学生实习工作打好基础。如若不闻不问，就会出现学生对学校的信任危机。

信息化时代，自媒体时代，必须关注学生的信息来源和学生对信息的辨别能力的培养，不能只管专业教学，学生的教育从来都离不开社会教育，校外的事情常常影响和决定着校内的事情。

快速进入角色的“双师型”教师：何佳兵

访谈对象：何佳兵
访谈者：席春玲
地点：中山职业技术学院高职研究所
时间：2014年11月16日

一、停薪留职来到广东

席春玲：感谢您支持，我在做一个关于双师型教师的访谈，想请您介绍一下您的大学专业、企业工作经历，以及在高职院校工作的经历和感受，自己觉得在哪些方面比较有成就感的，分享给大家。基本上就是这个思路。

何佳兵：我上大学学的是机械制造工艺及设备，实际上是纯设备，出来之后开始在武汉单位工作四年，老家是在武汉，那个时候专业比较对口，就搞设备的选型、安装及调成，搞大型的工程之类的东西。

席春玲：安装吗?

何佳兵：对，那个时候有大设备，一个多亿的大项目，进口芬兰等国的设备，有相当多的英文资料，要不然我们这年轻人就没有机会，那个时候老同志多。

参加进口大型设备安装调试。

席春玲：哦，就是要看英文的资料。

何佳兵：对，就是要看英文图纸和资料，依据图纸施工。当时我们还是实习生，抽调过去立刻就派上用场了。那个工程一做就做了两三年，基本上就熟练了那些东西，专业能力得到锻炼和提升。

1993年来到广东，因为广东轻工电子发达。那时候也不愿意出来，觉得家里也挺好。广东有大学的同班同学在这边做得还不错。他说：来吧来吧！我其实也没想着来。春节有探亲假，就过来开阔一下眼界。

我那个同学搞出口，有香港的客户，他在中间做个中间商人，你这里生产，他帮你把产品卖到国外去，那个产品的质量就注重技术了。那老板就说：你水准比较高，你帮我们多找几个你们的同学来。其实那个时候我们只是来看一下，一看那老板对我们也很客气，请我们吃饭，吃得很好，说你们就在这里干。

我说那不行，我们是有编制的，怎么也得回去打个招呼。他说不要回去啦！他给的待遇也很好，就干了一个月，感觉也不错，就写了信回去，因为那时候通信不太好。当时我跟厂长的关系比较好，我做完工程之后，他就把我调到他办公室，那个厂很大的，差不多十来万人的大型国企。当时厂长也蛮好，听我要来广东，他就给我弄了个停薪留职。

来了中山，做设计，做方案，搞管理。

何佳兵：来了中山嘉华，因为老板是中山人，再加上电子做得非常好，在香港号称是“电子大王”，做电视、音响、通信器材等。当时广东发展的是轻工业，那个时候改变生活嘛，中国家电需求量非常大，利润很高，发展很快。

我是学机械的，就是从那个时候到嘉华，转到轻工业、电器、家电行业，主要负责产品结构的设计，做设计做了四五年。产品从大机器到家电，他都有。家电分机械、电子、软件专业。开始我只是做机械设计这一块，后来当主管、项目负责人，你就什么都懂了，你要协调各个专业。

嘉华电子科研中心有两三百人。按照美国人的管理，他做产品先做市场调研，做计划，之后再安排人员去做，做出来凑起来就是你当初做的计划的要求。那这个就要专业综合水平，要有前瞻性。这个分工，机械的怎么做，电子线路的怎么做，软件的怎么做，都照你这个做，最后合在一起，若不能成一个有机的整体，那就是你的问题。时间、计划、进度严格按照那个表，我们做了这个之后，知识综合全面，第二个要会做方案，还不仅仅是做设计。

1998 年金融风暴前，公司都很赚钱，1993 年 8 月开业到 12 月的时候，当年产值就有 20 多亿元，在那个时候是很厉害呀。1998 年的时候那个公司就被收购，我发现导向不对。顺德有家公司请我做开发部的经理，我就出来了。

在顺德的公司，带领一个团队做。

席春玲：做管理？

何佳兵：对。管理一个团队，做方案，分配下去，做好了之后要经过我来看合不合要求，产品没问题了才可以投产。产品好了之后做改善，发样品给客户看，客户满意了再做批量生产，也就是出图—打样—开模—样机—测试—改良—客户确认—量产，这些流程就很清楚。机械、电子、软件基本上基础的接口我很了解，所以开发的产品都很成功，方案做得比较好。

在顺德做了几年，2002年我回中山，家在中山，那个时候小孩子要上学，要照顾小孩，老板坚决不让。你不让也不行啊，后来就跟他说以后有什么事情我会帮忙。

做技术这一行20年，很多东西一看你就知道怎么回事。

何佳兵：我知道有一个公司做验钞机、验钞机技术含量也比较高，我以前跟他合作过，我那个时候搞模具，帮他加工过模具，对他的产品有点熟悉，那个老板也认识我，就到他那里干，后来做总工程师，开发部门、生产部门都管着，基本上开发、生产、技术全部管，搞了两个开发部，一个做国内的产品，一个做国外的。

生产也是很重要的一个环节，你设计得很好，但是产品做不出来，做不好，往往两下扯皮，生产的说你没设计好，难做；开发的就说，我们设计得很好，是你做得不好。一个人管着就没得扯，我是看哪边的问题比较好解决就先解决，我可以让你开发的改，你说你做得很好，我说可以做得更好，那人家生产更容易更方便啊，这样出成品率、良品率就高嘛。就在那做了5年，2007年到学校来的。

席春玲：那你在企业做了20年?

何佳兵：20年。我是1987年毕业，在武汉做高技术4年，在嘉华画图搞设计3年，干工程设计七八年，之后都是搞技术管理十几年。

席春玲：经验很丰富哦。

何佳兵：做技术这一行，很多东西你一看就知道怎么回事，你要做到这一点。九几年我们国家做产品真正原创的东西不多，更多东西是模仿人家的，但是很多东西你模仿不了。我有我的一套方法，我是功能做得跟他一样，但是里面的东西我并没有完全按照他的做，其实我也做不到，很多东西买都买不到。

核心技术你是买不到的。

席春玲：核心的?

何佳兵：对，很多器件我们这边没有，但是我会用我们现有的元器件，用我的方法去实现这个功能，这就是外商他所要的东西，拿过去后还不是抄他们的，你打官司也打不了。我的价格会比他便宜很多，外商要的就是这个东西，看你有没有本事，你说抄，那软件你也抄不到，里面的东西也抄不了，你画下来，元器件你也买不到，我要用我自己的办法来做。他实际上就是需要这个。

最重要的是要快，研发做出样机，开模。那个老板有四五个分公司，开发都在我这儿搞。我本身是学机械的，所以那个机电的东西我基本上一看就明白了，就按照我们的方法去做。

二、为什么到学校

何佳兵：我为什么来学校？因为我在做开发，那时候做工程师，时不时要找一些人，我们开发了产品需要一些人用，你使劲地用，反复地用，看用不用得坏，找它的缺陷。这就需要找中专的学生，有一点点技术，就是专门试样板的。那时经常招中山中专的学生，他们就跟我熟，后来就越招越多，招到十几二十个，他们搞科技节，制作大赛，我就支持他们一点经费，给他们几千块钱发个奖，然后就熟了。

那点工资都不够我的零头！

何佳兵：中专那个时候筹办这个学校（中山职业技术学院）。它本身想要我来，我就跟他们说：你们才多少钱啊？那点工资都不够我的零头！一口就回绝了，他们后来就不敢吭声。后来这个学校真正筹办起来了，省里不批，最后就单独成立一个学校。中山科技局成立一个装备研究院，召开了一个大会，通知我来开会。我没来，就派了开发部一个经理来了。

那经理来了之后就说：“哎，那个学校弄得很好耶。”他开了个会回去就跟我讲了情况，我想学校肯定有网站，就一搜看看那个网站，看看学校的情况，我觉得是挺好的，那个装备研究院是搞科研的，我就比较擅长科研这一块。我就上网看看，挺好的。我想好歹它也是个大专，是个大学。那年正好我评了省里的高工，当时就写了一份技术专项报告。我就说帮我报个名，大家都去报了名，结果他们没考过，我考过了，3 年有效，我放了 3 年没去评，因为当时在企业没感觉到评有用。放了这么久过期啊，2006 年再不评高工，那个证就没用了。后来我灵机一动，没去写简历，就把那个技术专项工作报告那个东西拿来，我们院长他以前在科技局当过副局长，我就跟他有过一面之交。学校要懂技术、有高级职称的人员，但是有个问题，那就是待遇。他说：现在副高一年也有十一二万。我就说：十一二万还过得去，就是至少生活还差不多。这样就来了这个学校。

席春玲：当时是吴院长吗？一成立就是院长了？

何佳兵：2006 年他才调过来的，2005 年年底这个房子就建好了，就已经招学生。2006年他调过来。我就是他那个时候调过来的。

席春玲：您是他引进的人才？

何佳兵：对，我就是这样才来到学校。来学校因为有些因素支撑，收入起码还过得去，第二个离家近，方便点，就这样回来的。还有一个原因，九几年的时候企业待遇好，有很多人下海，公务员辞职，那个时候企业是一片通红，政府部门比较死，现在恰恰又倒过来了。现在是国家富了，国库很有钱，公务员、事业单位挺好，企业你有本事你就赚的钱多，我们待着也还可以，压力还不是很大，但那毕竟是老板啊，赚得再多，钱也是他的。你说你创造了很大价值，他不一定按照那个给你的。

最关键的问题还是退休工资的问题，在企业每年赚的钱可能很多，但是钱到手上你就会花了，攒着的钱也不值钱，企业退休金肯定低。我就是考虑到这个，后来我回老家武汉，他们就说：你都与时俱进，企业好你就往企业跑，行政事业单位好你就往行政事业单位跑。但是到我们真正退休又不一定是这么回事了，因为都在改嘛。

席春玲：有能力，没关系。

把技术教给学生，有一个放大效应。

何佳兵：来学校之后，我还是有一定的想法，之前在企业，很多学校请我过去讲过课。后来想想自己的价值在哪里。我有技术，在企业我就是带几个徒弟，我去到哪儿都有人跟我去，工作也好开展，他们也愿意跟着我。

你来到学校先把技术教给学生，你就有一个很大的放大效应。你再一个一个班教，一届一届地教，那个效果更好呀，因为他到企业去，就是职业教育了。虽然我们以前也没有接触过职业教育，但是我觉得职业教育这样去教育学生，教知识教技术，这个效果肯定是比在企业培养人才效果更大，这是第一方面。

第二方面，你教育学生得有个方法，你肯定不能像以前那样，你有什么东西不懂，你来问我，我教给你，一个人、两个人你可以这样做。所以，这就存在怎么教的问题，我们学校那个时候从企业来的老师不少，他不会讲课，你让他讲，他讲不出来。是他讲不出来呢？还是学生问题？反正学生听不懂。那你要有什么方法让学生听懂，这就是教学方法了。

我马上就开始补课，搜集国内外信息。

何佳兵：我马上就开始补课，我比较能够抓得住重点，我找很多国家关于职业教育的方针政策，还有国外的，我自己看这些东西，职业教育跟普通教育有什么差别？你为什么要搞这个？我就找这些东西看，学校一搞申报教研教改项目，我就去做。第一届我就报了重点项目。一方面通过报项目去做点研究，我就去查相关的资料，这样就帮助自己提高教学水平。第二搞精品课，我也是去报第一届，后来第二届精品课我也去报，我就去做这个东西，我自己就使劲地做课件。后来我发现有些老师都是网上弄来的课件改一改，我还笨笨傻傻地从头做起。

席春玲：您要坚持原创性。

何佳兵：对。我开始教学生设计、画图的软件有强项，自己很会用，要教他们，要练。你要怎么教呢？你要有素材，要有主题课件，那我傻傻地就从头编起。那个很费功夫，那个时候就自己做，一学期开了两门课。现在也没那么傻了，就会找一下，然后按照自己的思路再去编。那样速度快嘛，很多字要一个个往里面打，但这个过程自己做过还是很有好处的。

我就补这些东西，搞精品课程，去北京编教材，与其他学校一起参与。我是带数控专业，2008 年刚开始，很多人都没经验、老师也没经验，我发言，他们在旁边听，因为我有项目嘛。我们还是个新学校，我也是刚踏进校门，他们还让我做主编。加工、自动编程等那些东西我很快就把它补上去了。后来我在学校评了教授高工，在学校里面做了省科技厅里面几个几十万元的项目。

成立机电专业，因为我对这一专业更在行。

何佳兵：后来我就一直管专业，成立机电专业，因为我对这一专业更在行，我就申请新的机电专业，老师就跟着我到这边来，把这个扩大了，机电专业是一般专业的两倍，一般专业基本上就招两个班，我们一年招四个班，规模很大，师资能力很强，17 个人一个专业，副高以上的都有八九个了。我们现在的专业开了很多方向，而且跟社会接轨得比较紧密。我有机电产品结构设计，就是我年轻的时候干的那些活，然后机电维修。

还有一个方向是工业机器人，现在很多学校没开，机械辐射非常高，佛山一汽大众跟我聊，我的那个专业人才方案跟很多人聊，我一讲，他们就不相信，我的人才方案跟人家的不一样。我是按照以前企业的经验思路，人才方案就是比较有针对性，这样做人才方案，做出来之后，课程再按照方案去实施。

三、引导师生学以致用，开拓创新

学生毕业设计真刀实枪在做。

何佳兵：我们做得比较好的就是每年的毕业设计，现在所有的老师都在做毕业设计，外面企业请来的人再帮我做设计。今年四个班，有一二十个项目，学生都在做，就把两年学的几十门课，利用毕业设计综合运用，学的知识要串联起来，通过做项目再用一遍。这样的话，他去找工作、应聘，人家问你学的是什么专业，你对专业有什么看法，你会做什么？他就能讲得头头是道了，因为这一整个过程最起码他走过，完成过，他就有竞争力了。我每年做的项目都不一样，不是拿旧饭再炒，我都是在做新的。

席春玲：毕业设计主题是谁定啊？

何佳兵：我们老师设计的，老师每年都在改，这个学期设计大概是9周，这个项目时间比较长，上一个学期老师就设计今年的毕业项目，有些项目还不一定采纳，项目一定要切合机电一体化这个专业，不能单纯是机械的，也不能单纯的是电的，这是第一点要求；第二个要有一定的新颖性；第三个是实用。

你搞研究要有落地感。

何佳兵：怎么来做这个项目？这些本身是我们老师的科研项目，也是省市的项目，你搞研究要有落地感，这是一举多得的事情。还有企业找到我们，委托我们做，他们提供材料给我们，材料需要大量的资金，有些企业提供，有些我们自己提供耗材，每年的毕业设计的耗材起码要十几万元。

席春玲：哦，就是四个班？

何佳兵：四个班，一百七八十人，启动十几万元的耗材，但是学校的耗材资金只有2万元，远远不够，今年也是，有时提供不够的，我就跟学生收一点，凑一凑就把这个整起来。这个有什么好处呢？老师做企业给的项目，学生也学到了东西。我每年参加大学生机械创意大赛，有一年是在华南理工大学，今年（2014）是广东工业大学，我每年都参加。有很多学校是不参加的，但是我每年都参加。

大学生创新设计大赛年年有大奖。

席春玲：就是王选院士搞的大学生创新大赛吗？

何佳兵：对，一旦比赛通知来了，你就做不赢，这是第一个。第二个马上要资金，你也没有资金，我们每年为什么要做新的呢？我们做新的积累多，都做了这么多了，每年总有一些新东西来摆，这样的话，一到创新设计比赛的时候，我就到我们那些项目里去找，看哪一个跟今年主题相符，我就拎几个出来，针对竞赛要求做完善改进。我们年年都有创新设计大奖，一般的人做不到。

这个是全国大学生创新设计大赛，本科参加，我们也可以参加。2013年，我第一次去参加这个大赛，学校规定一个专业只能报一个项目。因为我专业大，我就坚决报两个项目，我们没有设备，就自己做一些东西出来去参加省里面的比赛，我两个项目进入全国大赛。第一次去，也拿了个二等奖，差点拿了个一等奖，我是排第七。

席春玲：您讲的是创新的大赛？

何佳兵：对，我两个项目都进入大赛，特别是工业技术与应用，全省就几个老牌学校在做，华南理工张教授其他人都认识，就不认识我。开完会就把机器送过去封存，就不能再动。张教授第二天早上去一看，我们的机器最简单。我就说：我的思路是这样的，能够完成某个功能的前提下，越简单越好，又省钱。两个一样的，谁轻就谁赢。再最后一比，我还赢了。

学生在比赛过程中学到很多东西。

席春玲：您这个是和本科一起的大赛？

何佳兵：这个竞赛是职业院校技能竞赛，专科的，2012 年第一次参加机器人比赛，两个项目代表全省去参加，成绩是相当好了，我的力度很大，没有设备我就能代表广东省。一进入全国大赛，学校就开始帮我买设备了，买了设备就再训练，我基本上五一、清明假期天天晚上都练，节假日都训练。

老师说不来，我打电话给老师，后来老师也不敢不来，学生从中间学了很多很重要的东西。我们在上面的大教室里训练。他们夏天就在那里铺个凉席，就在地上睡，老师、学生都在里面睡。你这个东西要出来成绩，人家才觉得你这东西有用。我们做事情一个就是肯吃苦，第二个就是认准了就一定要做个名堂出来。省赛的时候，我就说要进国赛；进了国赛，我就说争取一等奖、二等奖，最后我也天天来，晚上也来，老师也不说什么，有问题就改，学生在这个过程中学到很多东西。

我们承办省赛，绝对透明公开。

席春玲：对老师也有非常大的促进？

何佳兵：对老师也有非常大的促进。老师也得到很多锻炼，学生得了奖，老师也得到了奖金，这是2012 年。今年（2014）我又有两个不同的项目，这是新项目，人家不比，我都去比。今年机械装调与控制技术专业，省里面叫我承办，设备提供商希望我来办，我就承办了，全省的大赛就在我这里办了，我们搞得也很好，大家也很满意，因为我绝对公开透明，不搞暗箱操作。这个比赛搞完之后，全国的比赛在安徽芜湖，我是广东省的代表去比赛，拿了全国一等奖。我们的学生就被北京的中国空间物理研究院要去了，一去就7 000 多块钱，什么待遇都有。

席春玲：他们搞理论的，我们是不是实践操作这一块比较强一点？

何佳兵：对。他们每年都招，他是到比赛现场去做了观察的，还有录像调出来看的。他觉得这个学生不错，就去面试，一二十人坐着面试，面试很严格。他们招博士、硕士高端的理论性人才和技能型人才，反而不太要本科生。我们2014年比赛的学生，他们要了，学生往返的机票都报销，回来完成实习把毕业证拿到，就去把入职手续都办好了。

我们的学生被中国空间物理研究院要去了。

席春玲：到现场去甄选人哦。

何佳兵：对。我们的老师比较懂技能竞赛，我安排的所有人都有奖项，让大家都有机会，注重分配。到了国家比赛，每个项目可以两队参加，我再把两个专任教师提出来，组成一个强强联手的团队参加国赛，这样下面的机会就给实习老师，他们也有机会，做一个搭配。第一年我还自己带头搞，后来我就不搞了，让他们去搞。

我这个专业组建比较晚，没赶上重点专业，其实我们比很多重点专业师资力量雄厚，有特色，教学好，招生好，比他们的专业出口前景都要好。我们这个还是跟社会比较贴切的，设备的维修、维护，机电一体化，自动生产线也是很需要我们这个专业，应用也好，制造也好，装备制造业，搞生产、加工、调适，也是需要我们这个专业的人才。

我们不用本科那一套，搞自己的校本教材。

席春玲：你们现在开的这些课程应该和过去开的课程有所不同吧？比如说开了机器人，设备维护、维修，你们的课程建设有没有独特的？

何佳兵：现在很难找到教材，以前本科讲理论，我们就不来这一套，因为学生听不懂。我们现在课程都是老师开发，先是搞校本教材，用到一定程度就去完善，因为你不能急着去出版，先积累，然后再去出版，现在出版教材太容易了，不慎重。很多人叫我们出，我们不出。现在是讲义型的，学校印成校本教材。

席春玲：新的专业都是这样做的？

何佳兵：对，都是这样做的。除了机械制图、机械设计、电工电子这些基础课程，其他的专业课基本都这样做。

很多学生学习成绩很好，但没什么成果，就是不会用。

席春玲：我觉得您的专业能力很强，管理能力也很强。

何佳兵：我哪个方面差，我就自己有意识地去补。《中山日报》给我做过报道，我讲了一句话：应用技术大学，那个记者还挺有眼光，他就把那句话作为标题。很多大学生学了很多，但就是不会用，不会用他就什么成果都没有，死死板板学知识，学了之后就还回去了。我们是应用技术大学，你学了之后马上就会应用。

老师教了你，你要学会那个原理，转个身马上就要用它。不同学科的老师都会讲这门课程的目的是什么，大家都没有去思考这个问题，没去用。很多学生学习成绩很好，但是没什么成果，就是不会用。

我们职业教育更加强调这一点，要以应用为目的去学，哪些知识你该学，哪些知识你不该学；这岗位需要哪些核心的知识，当然还有关于素质方面的知识，我们也是要学会学习，不能太过功利了。

席春玲：对，因为学生的发展是长期的。

带着学生一步一步去做，他明白这个道理了，再去理论归纳。

席春玲：很多人都说，职业学校的学生比较难教，你自己有什么感受？

何佳兵：你直接灌理论的话，你灌着灌着学生就会睡觉，他可能就没兴趣，也可能难理解。职业教育招生招的就是高考成绩偏低的，他的思维能力本身就差些，上课就提不起兴趣。

我们在前面还是要做一些铺垫，很多技术你不能一上来就叫他做，他做不来。那是要经过很长时间的学习，慢慢明白才来做的。我们现在搞的项目课程改革都是先做个铺垫，讲讲基本原理，但不讲太深，然后要怎么做，带着他一步一步去做，之后他明白这个道理了，反过头再去理论归纳，教学一体化都是按这个来做。

做毕业设计就是综合的，你一来，我任务书一下达，知道大概怎么做，他就搜集资料，改一个星期，再去弄，那个方法我同意了再去实施，不然会浪费很多材料，走弯路。他会搞出各种不同的方案来让我看，你可能还是不满意，做不出来，因为我们做的项目还是有点难，那怎么办呢？他可能做个百分之六七十，最后老师把比较理想的方案拿出来。

席春玲：哦，就是先做，后来再给你一个示范。

何佳兵：想了半天，再怎么想都不会想到比这个好，我一拿出来他一看：哎哟，好耶！明白了，这不就学到很多东西了吗？然后再实施下去，接下来的工作就是学生做，他会做得非常卖力。但是单项的话可能达不到这样的一个效果。以前我们还有过程考核，学生做完这门课就行了，其实不行，我现在总结出一定要考试，正正规规地出一份试卷，不然你会做，做得很好，但是说不出来不行。我们把必要的知识点逼着他记一记，背一背，把知识点梳理一下，这就一定要考试。

一体化教学也要有书面考试。

席春玲：你讲的书面考试，占多大比例？

何佳兵：百分之三四十。

席春玲：那这样就对了，考查得就比较全面，动手能力也考了，知识的掌握也考了。

何佳兵：我们以前也走过一个极端，很多学校好像要把原来的全推翻，只搞过程考核，书面就不考了，这好像有点放羊的感觉，一问他什么都不知道，如果你要去面试的话，人家问相关专业知识，你什么都不知道，这说不过去啊！

学校还开大学语文，为什么要开这一门课呢？也是为了增强他的表达能力，你搞技术要沟通吧，你什么都说不出来，怎么沟通呢？还是需要理论的。你这是大专的，不是中专的，不是纯粹搞机床的，中专和大专的区别在哪里啊？大专的不仅能做，还得有一套思路，基本知识的关键点在哪里？你能说得出来。如果说不出来，你可能就是中专水平了。

四、教师专业发展：参加培训与写文章

教师培训很多，但是我有选择性。

席春玲：您到学校参加过一些培训吗？有哪些培训对您来说是有帮助的？您有哪些看法的？

何佳兵：培训很多，但是我有选择性，技术性的培训我会参加，我选择跟我们目前专业相关的，自己这方面还有欠缺的，我就去。比如说我带他们去深圳的海克斯康，它是个国外公司，搞三维坐标精密测量，这个跟专业有关，有针对性。外面组织的培训我们也要自己选择的。像学校组织去新加坡、我国台湾省，这是跟职业教育有关的，人家怎么做？学学人家的方法。那个时候搞项目化教学改革，清华大学、同济大学组织我都去参加过。学学人家的，自己再思考思考，然后静下来想想自己该怎么做。

席春玲：很多跟专业不是很相关的，但对理念还是有影响的？

何佳兵：关键是你自己站在哪个角度，你自己要会把这个理念迁移，是应用迁移，肯定不直接拿，而且也是不一样的。你学教育的，我们学机械的，他们是学电脑的，都不一样。

我们是做了项目，把其中的创新写出来，这就是好文章。

何佳兵：我们不死板，我从来都不会看到你有什么东西，我们就照着搬来套，那就没意思了。我写文章也不多，我们是做了项目，结题了要写个总结，做个提升这才写文章，不是为了奖金什么的而写文章，你这文章发表了之后，对人家有一个参考的价值，才达到写文章的目的。不然对别人来说没有价值、没什么帮助，瞄一眼，浪费时间。

我们是做了项目，经过了思考，能把其中的创新写出来，这就是很好的文章。有一些看到别人怎么做，也就照着葫芦画瓢。这依葫芦画瓢也是可以的，但是这是创新的第一步，你不能老这样。

所谓的应用它一定是活的，你今天设计了手机，大小不一样，你别看他大小不一样，它不是按比例放大的。它所有地方都需要重复做一遍，这就是设计任务的繁重之处。不是你这个东西搞个大的，我一缩小就可以了，不是这样的，它是所有的地方全部都变化的，要重新做一个。你想空调也是，内部没变，外壳变了，它整个设计布局就要重复做一遍，这个重复是创造性的重复，他不是照着葫芦画瓢的重复，所以你要学会用，学的东西要马上成为你自己的，要会用。

访谈后记

对何佳兵老师的访谈是利用了去中山职业技术学院开会的一个机会进行的。借用了高职研究所易雪玲所长的办公室，对何佳兵老师的访谈很顺利，他很快了解了我访谈的意图和思路，个人谈话思路也很清楚，我自己感觉就是只需要听，必要时追问一下，引导一下，其他时间都只需要聆听。所以，他的访谈实录部分主要是他在说，有很多内容是关于他的实践做法和对实践的思考，十分的鲜活，也给人很大的启发。

他20多年在行业企业第一线的实践经验，他在改革开放后停薪留职南下广东，经历了外贸加工生产与设计、各种工业用品与日常电器的设计，他带领团队研发，他从研发到生产，从生产到管理全过程经历了行业发展。

他善于从实际出发开展教学，他因为有创新总结提升才写论文，他通过参加各种竞赛迅速进入创新技术教育的圈子，他公开透明承办技能大赛，他发现问题注重寻找有效的方法解决，他发挥企业管理经验，打造了高效的竞赛团队。

他具有强大的行业专业背景，对产业行业发展十分敏感。因此他带着对行业产业的敏感，开拓建设新专业，工业机器人方向自成立以来受到汽车制造等行业的关注，就是因为该专业适应了现代产业发展和劳动力供需状况等的变化。

他学习能力超强，也十分清楚自己在做什么，从企业到学校之后，也是很快进入角色，哪方面缺就自觉地补哪一方面，申报教学课题，做精品课程，开发校本教材，参与规划教材编写，迅速成为职业教师中的佼佼者。何老师也是给我留下印象最深的一位，希望将来在普通高中技术导师的专业能力培训方面，他能给予我们一些帮助与合作。

企业对我的影响，就是什么事情都想做实了：周欢伟

访谈对象：周欢伟

访谈者：席春玲

时间：2014 年 11 月 25 日

地点：北京路 8090 咖啡厅

一、从行业企业到职业院校

席春玲：周老师，您好！能谈谈您的职业生涯和工作经历吗？

周欢伟：我是这样的，1998 年大学毕业，本科读机械电子工程，大学毕业以后在珠三角企业里做过 8 年吧，2003 年考入广东工业大学全日制的研究生，然后在广东省机械研究所工作过一段时间，博士是一边工作一边读的。

席春玲：您在企业的什么部门？

周欢伟：开发部，原来是开发部经理。

席春玲：在这 8 年，您换了几家企业？

周欢伟：前前后后的讲不出，实质上班工作的有 3 家，最后一家是香港上市企业伟柏集团；第二家是我们这个年龄应该都知道的金正 DVD，便携式 DVD，在开发部搞电脑软件；第一家就是做按摩椅的企业，在东莞。

开发部有三个部门，就是电子、机械、美工。

席春玲：您在企业做什么职位？

周欢伟：做机械设计。我们是做机械这一块，与电子合起来，就是机电。开发部还有一个部门，就是美工部。美工部主要是管外观设计的，我这个产品买来，不但要好用，也要美观，手感好。开发部有三个部门，就是电子、机械、美工，后来做开发部经理的时候，就要什么都管一下了。

席春玲：那您是因什么机会到的学校？

周欢伟：是这样的，因为我们研究所进行事业单位改制，所有的人都

要进行企业化，广东机械研究所就跟岭南技术学院进行合作办学，我就到岭南职业技术学院去做院长助理，相当于机械所的一个代表，慢慢地觉得这个地方好像也不错，而且自己当时对前途也比较担忧，就慢慢看是不是挪窝算了，这时刚好广铁招人。

席春玲：您做院长助理几年？

周欢伟：一年多一点吧，当时刚好广铁进行教学评估，我又是讲师，又是工程师，然后又是企业干部，又是机械所，那就这样过来了。我是2008年进广铁的，当时就叫教学评估，因为岭南是2006年评估的，刚好我是院长助理，所以我就比较清楚这个事，到那边去机电系有东西可以参与进去。

用企业文化眼光，审视教育。

席春玲：您从机械所到学校教学，有没有适应、调整过程？

周欢伟：那倒没有，因为我原来在广工读研究生的时候，导师还给我找了一份差事，干什么的呢？就是有一个软件，是美国PPC公司的一个软件，它有一个需求，就是要到企业进行培训上课，我是PTC公司的技术顾问来的，当时就被导师派到美的、华为、腾讯等企业开发部，因为当时研究生到这边来的话，就是既有企业工作经验的，又比较懂这个软件的，又还在开发部做过的人不是很多，那就把我派到这些企业去培训。

从这个培训里面，我也学习了很多，从教学到企业管理方法。企业培训和给学生培训是两个不同的概念，比如说企业里，其他的部分大家都会画，可能就这个地方我不会画，我就问你，这个地方该怎么画，你必须给我画出来，你还要跟那些人讲清楚怎么画，如何快捷地去进行建模。这就跟学校不一样，大家都不会的，我教你什么，你就认为是什么。

企业里的人，人家是有基础，有人搞了7～8年，有人搞了10来年，有的人三四十岁，你教错的话，别人有可能就说的。人家就是对这个软件不懂，就不知道怎么画，你帮我画出来就行了，让人家觉得你这个比我现在这个要好，否则，别人为什么愿意每天花800美金请你。

企业比较务实，因为企业它要创造利润。

周欢伟：企业比较务实，因为企业它要创造利润，他首先追求效益，所以企业里经常有一句话叫作“今天工作不努力，明天努力找工作”，看到过那个标语，好像很残酷，实际确实是这样。

席春玲：您为什么想到考研究生？

周欢伟：我为什么当时考研究生？我在2003年的时候工资就有一万二左右，说实在的，当时对我来说还算比较高的。但是总是有一个不安全感，没有归属感。总觉得今天在这里上班，明天还会不会在这里上班，真的有这个想法。所以企业文化它培养一种价值效益，然后它才跟你讲团结。你没有效益，没有这个经济，它不会跟你讲这个。

原来我工作的那个香港上市企业，请了一个中科院退休的高级工程师，三个月后把他辞退了，为什么？他成天跟你讲理论，没有效益，他一开会就跟你讲理论推导公式，一天到晚拿发明专利来跟你说，你说这个东西没用吗？对国家有用，但是对企业……

企业要的是什么呢，这个数码相机卖出去了，用保温镜头，再加上这个变压器，再加上解码板，卖到美国去，企业马上就能见效益。各项测试我马上就能通过关，不管白猫黑猫，你把这个老鼠给我抓回来，其实就是这个意思，所以在企业的压力很大。

目前校园文化的一个感受是太人文化，现在很多学校包括本科院校，学生上课睡觉迟到，教育两下，进来吧，你不可能把他赶出去。如果你在企业的话，睡觉就扣你多少钱了，你迟到扣多少钱，下次你肯定就不敢了。8点钟打卡，你7:58可能在厂门口要跑过去。在学校里，有些院校8点钟上课，8:10分有学生拿着早餐边走边聊天地进去。搞得我们现在好像没有尊师重道的想法，我反正觉得是这样子。

二、我在学校有一个工作室

周欢伟：我在学校有一个工作室，我就跟他们说：你来我这里，我要你来，你不好我会叫你走，这是第一个。第二个我们工作室经常有人来参观，你不但对我要有礼貌，对别人也要有礼貌，接到一个电话，首先要“喂，你好，您找谁”，原来这些学生是“什么事啊”，好像很不耐烦一样，让人感觉不舒服，现在慢慢就好了。

席春玲：做得不好随时可能就淘汰？

周欢伟：我就是这么说的，想跟我到工作室学习的学生还是蛮多的。第一，我教你，不收你一分钱，学校不给我一分工资，我是完全义务教育的，凭着良心教你们。既然是义务的，我是觉得你可以培养才叫你来的，不学习那你可以走了。有事的话，大家一起来说一说。不懂的问题你问我，我会的，我马上给你解决；我不会的，我会去请教相关的人，然后教你们怎样去做这个事情。然后在这里的话，我们就是要教你什么，不但要教你们实习，学习是第一公共目的，你来这里是求学的，不是来上网的。我说你来这个地方是学习。

学生就可以高的教低的，互相学习。

周欢伟：第二个你要学会做人做事。要教这个学生该怎么去做这个事情，觉得不像父母的话，最起码要像兄长的这个感觉，别人就会觉得：哎，这个老师还可以，他就愿意跟着你。每年不断地有一些新人进来，一届招四到五个人。那这样的话，那学生就可以高的教低的，互相学习。三年就是一个轮回，有十三四个，整个工作室就是多个人轮，下学期有大三的去实习了。我们现在是2014年，2014年这是一届，2015年又是一届，2016年又是一届。

我们专业的国家励志奖学金几乎每年都是从我的这个工作室里出来的。我觉得，第一个你要真正为学生考虑，老师不能太功利。有个毕业生对你说：哎，老师，我请你吃个饭吧。你不吃他的饭，你也感觉很温暖。

席春玲：那么多学生想来您工作室，您是怎么挑选他们的？

周欢伟：第一是看态度，我一般会跟他们说来这里会很苦很累，有时候要熬到晚上一两点，白天还要上课。第二个的话，干不好还要挨骂，其实还是满委屈的，就是把这个话说得很难听，有的人可能就会知难而退，有的人可能就觉得我是来学东西的，留下来的，我也不会真的去骂他，也不会去让他真的干到一两点，但是呢这个态度一定要有，如果你没有这个态度，学生也会功利的。

席春玲：有没有进来的学生不努力的？

周欢伟：有。我会对他说，你以后不要来了。因为你不把他叫走的话，他会把整个气氛搞坏。我这个工作室不是面向所有学生的，是面向我们整个专业的一些优秀学生。人心是肉长的，你对他好，他知道的。

席春玲：还有一些能力方面的要求吧？

周欢伟：有。一般我会问他高考分数多少，数学多少，语文多少，一般看这两个。数学我是这么想的，如果一个人数学好呢，可能思维活跃些。语文的话，很多东西你是要表达要写，将来要带他参加什么比赛，说明书那些东西你要自己慢慢整啊，整完再给我改啊，你如果写得一塌糊涂，还不如我一个人写了算了。

做这些项目时，我就会找学生打打下手。

席春玲：他们在这里学到的一般有哪些？

周欢伟：第一个是专业知识，第二个是比赛，第三个是做企业项目。在企业里，很多人叫我周公，因为我在企业的时候，很多人还是相信我的水平的，给我些项目做。做这些项目时，我就会找学生打打下手，就是锻炼。上次有个“十二五”规划教材，就是真正结合企业的一个教材，我把企业的一些产品的图纸之类的编进去，画出了企业是怎么做的，我们应该怎么做，企业把这本书作为他的培训教材，我们就把它作为学生教材。企业的培训教材会比较新。

席春玲：您平时带学生的一些竞赛是哪些？

周欢伟：一般都是广东省机械创新设计、工程实训等。我搞机械、搞设计的，肯定是往这方面靠。最近教育部搞了一次太尔杯的竞赛，你到网上可以看得到我们的产品。

一个流程下来，学生有压力，也能学到东西。

席春玲：你们参加竞赛，是接到通知就带学生去，还是要带学生训练？

周欢伟：是要带学生训练的，暑假我就经常去花都，把学生集中在我的工作室，给学生排一个时间表：第一天干什么，第二天干什么，第三天干什么，第四天干什么，你这个星期要达到一个什么目标，总体要达到什么目标，什么时候我开始验货。一个流程下来，学生有压力，也能学到东西。不懂的，我可以和你一起来搞，学生就会觉得跟你这个老师确实能学到东西。我们学校的工作室各有各的优势的。

开发部的工作方式：电子一组，美工一组，机械一组。

席春玲：没有项目时，学生在工作室做什么呢？

周欢伟：做课程作业，作业做完了的话，我还会给他们留学期目标，这样他们就不会没有方向。除了学期课程以外，我还给他们定了一个开发部的工作方式：电子一组，美工一组，机械一组，几个人一组做一个部门，每周我就让他们写个总结，一个月下来学到什么东西，一个学期下来学到什么东西，大的带小的，一年下来，你如果没有学到这些东西，你下学期可能就不在这里了。

席春玲：那您这的学生出来了就直接可以去应聘企业吗？

周欢伟：我们学校是铁路院校，大部分同学很想到铁路。国企，这是挡不住的诱惑。2009年、2010年我有很多学生到企业，现在都是开发部主管，有的是副经理，能真正学到东西的发展也很好。有的毕业学生回来问：老师，这个东西该怎么画？后来，我们建了一个QQ群，每一届的都在里面（了解毕业生情况很方便）。

席春玲：那您相当于一个导师带着一个团队？

周欢伟：我不敢说我是导师。

席春玲：您是一个教师工作室的主人，我觉得您对他们的指导更应该像个导师。

周欢伟：可能我觉得我会指导得更具体吧。

最大的支持就是给了一块地方，然后自己找饭吃。

席春玲：我们读研究生、读博士不就是跟着老师在做事嘛，在做事过程中就学到了很多嘛，您这个也是一个导师制，而且给了你们一个工作室。有经费保障吧？

周欢伟：那个不多，最大的支持就是给了一块地方，然后自己找饭吃。

席春玲：这个也是挺不错的，至少给了老师一块天地。

周欢伟：也不是每个人都有，我们学校有31个。

席春玲：学校总共有多少个专职老师？

周欢伟：300多个教师。开设工作室还是要有一定实力的。

席春玲：指导工作室对您的教学有帮助？

周欢伟：教学跟这个是两码事，因为教学要顾及大面积。工作室里，我挑的学生，第一个是比较听话的，第二个成绩、思维各方面比较好一点的。对他们的要求不能带到课堂里去，因为课堂的要求会比他们的要求低一点。

每一次的费用都是我拿自己的项目去补。

席春玲：女生有几个啊？

周欢伟：三四个，因为机械本来就女生少，还是男生比较好用一点。女生就是很听话，你叫她干啥呢她就干啥，但是你不叫她干啥呢，就没啥事的感觉，男生他会去尝试。

像我一个学生在花都的一个轨道企业上班，毕业两三年了，星期六、星期天他还来。我给了他一把钥匙，他在那里有牙刷、有毛巾，反正他那里离我这里也没有多远，骑个单车就到了，他晚上也不回去。我那里有张木床，一米宽的。我睡呢，他就打地铺；我不睡呢，他就睡我的床。他就觉得来到这里有种家的感觉，在这里能把自己需要的东西做出来。每一次的费用都是我拿自己的项目去补，我让学生觉得不用去担心成本、担心想法实现不了的问题。只要他有想法，我就给他做。

席春玲：他也会给您讲一下，您会指导一下？

周欢伟：对。你要把图画出来的，我们可以一起探讨一下，探讨完以后就做出来吧。做出来以后，下一次比赛我就可以用这个东西参赛了。

席春玲：您这个工作室运行了几年？

周欢伟：我来到学校之后一直做这个事情，但是给我真正名号是在2012年。

席春玲：之前，就有一个实验室由您管？

周欢伟：没有。原来就是晚上的时候，把学生找到办公室里面，很多人大家一起聊一聊，说一说，没有固定地方，现在好一点，有个固定位置，也不是很大，我们十三四个人坐在那里也挤得满满的。我自己就只要一个桌子在那里，我不需要什么，做老师不要太功利。

三、我什么事情都想做实了

考个证跟工程师还是有差别的，工程师要职称评审的。

席春玲：教学生是需要付出很多的。你们学校对“双师型”老师有没有特殊的政策？

周欢伟：现在高职院校需要“双师”，真正的这类既是工程师又是讲师的比较少，300人里不到10个人吧，就是既拿到工程师，又拿到讲师的。当然，现在通过很多途径，比如考个技师证，考个工程等级证也变成了工程系列了，但是跟工程师还是有差别的。工程师证要职称评审，跟评讲师、评教授是一样的。

席春玲：工作室的老师会有岗位津贴吗？

周欢伟：没有，学校不会多给你一分钱。

席春玲：那通过什么来调动工作呢？

周欢伟：个人志愿，学校有个考核，这个工作室里发了多少篇论文，赢了多少比赛，获了多少奖，用这些来考核。考核的是这个工作室的成绩，而不是培养了多少学生的问题。

席春玲：工作室培养学生也是很重要的方面。

周欢伟：对。培养学生有的工作室做得实，有的做得虚一点。

席春玲：您从企业过来，也在学校做了这么久，您觉得学校技术人才培养、教育技术改革方面，怎样做会更有效？

周欢伟：总体来说，目前机制还是比较死。还是官本位主义太严重了，我们每一个项目、每一个东西都是领导挂帅，职称高的挂帅，这些领导、职称高的往往没有时间来做事情。他的资源哪来的呢？他就把下面所有人的资源进行整合了，就变成他的了。如果你真正要把这个专业做好，还是要把事情做到实处。企业就比较实在，高职院校人才培养关键看能不能把事情落实到实处。

企业对我最大的影响，就是我什么东西都想做实了。

席春玲：那您说的落实到实处是指哪些？

周欢伟：可能助教、讲师写的东西不如领导们和教授们写的东西视野开阔，但他们确确实实想把这个事情做实了。本科生写的东西、硕士生写的东西、博士生写的东西，说实在的视野肯定是不一样的，但是本科生写的东西、硕士生写的东西可能是真正想干活的东西。他们写得可能不是那么华丽，但是他们确确实实想把事情做好。他们项目做得比较实在，我个人认为是这样。说袁隆平很像农民，我比较佩服袁隆平，他把这个事情做实了。

席春玲：您在教学过程中有什么困惑吗？

周欢伟：我原来的同事觉得现在的学生不敢用。其实对企业来说，学生就是一张白纸，先不管他学习的东西，首要要求是素质要好，做人做事首先态度要好。职业教育应该以职业为本位，那是肯定的，但是人的职业素质培养也要提高才行。学生定位就是一个职业，要把这个职业吃透。我跟中职学生说，你们吃透一本书，你将来工作就没问题。我写了一篇文章《基于球形的学习方法论》，我认为，知识是一个点，你只有在这个点的基础上不断地滚动，你的雪球越来越大，你的知识也越来越丰富。

我一直在想，你真正让学生去学到东西，让学生感悟一辈子，才是做老师最大的收获。我不想学生走的时候说这个老师啥都没教我，所以，我的很多学生怕我。

席春玲：是因为您比较严格？跟您在企业做过有关系？

周欢伟：我在企业做项目是这样，必须得讲效率啊。我跟他们说：不管是男孩子还是女孩子，如果你对人生没有规划，就是对自己没有规划。我有个学生，从入学到毕业拿学校的励志奖学金，他赚了一万多块钱。所有的奖他都获得了，不是家长给他寄钱，而是他给家长寄钱。我在学校不会让学生花一分钱，我们是有工资的，他们是没工资的。不能当父母，当兄长也好嘛。

学生是知道好坏的，也知道要学习东西的。

席春玲：那学生跟您的关系也比较轻松？

周欢伟：（学生）经常跟我勾肩搭背，但是真正的工作做得很严。你们做不好的话，你就走。学生是知道好坏的，也知道要学习东西的。只不过，我们缺乏这种负责任的老师。做虚的比较多，做实的比较少，这跟环境有关系。

席春玲：企业里面是不是每个人都有自己要负责的东西？

周欢伟：那是必需的。企业的管理是这么个模式，比如说，你是我的手下，你过来的时候，我就签3个月甚至6个月，半年时间里就给你定一个目标，你要达到什么样的一个目标，我对你有一些考核。如果你不能做到的话，我有很多办法来卡你，第一个是工资，第二个是奖金，第三个就是你工作没了。

席春玲：顺便问一下，学校里老师是由谁来考核？

周欢伟：系部领导，教师考核应该按照客观化标准，而不是靠个人感情来考核。企业考核它不凭感觉的，假如你要辞退我，你告诉我哪些没有做好？你肯定数个一二三：项目按期完成了，返工率很少，生产线上返修率很少，客户反映等，你告诉我哪里不好了。学校考核的可能是态度的问题，态度不好就是跟领导的关系不好。企业是雇佣级关系，我们明天有可能就不认识了；在学校里就不一样了，你肯定一辈子都认识。

事业单位有点像政府部门，又不太像。

席春玲：这是人事制度的一个方面。如果要做人事改革，您有什么建议？

周欢伟：我觉得首先要量化指标。在考核上拍脑袋，每年年底的时候会很麻烦。也有一些考核，比如论文、项目，但这不是主要的方面。学校制度很多，企业的制度没有那么多，基本上就是总经理办公室制度、各部门制度、员工手册。企业是企业化管理，事业单位有点像政府部门，又不太像。

席春玲：在企业的工作经历，对您的思维有比较大的影响？

周欢伟：对。企业对我最大的影响，就是我什么东西都想做实了。

席春玲：如果您一大学毕业就在学校，可能不一定有机会形成这种思想？

周欢伟：是的。我们学校也有很多老师来自于企业，前几天，我们学校开了一个博士论坛会，有个教授问：学校写的东西能不能有30%是实的呢？这可能是事业单位的一个通病了吧。

访谈后记

周欢伟博士是一个思维很活跃的人，他对外界一切保持着一种开放的心态，这是一个优秀教师的基本条件。他与学生的关系处得轻松自在，他希望学生在他的工作室里能学到东西，他相信学生具有积极向上的内在潜质，他鼓励学生大胆实践，不用担心想法实现不了而不去尝试，他宁肯从自己的项目拿费用去补贴实验耗材，也不让学生有心理负担。

他谈起自己的工作室很自豪，他带领学生很有自己的一套方法，他与学生相处似兄弟，他以真心带学生，他希望学生能真正成长。在他的工作室，做得不好的学生要被淘汰掉，这个做法简单而高效，让学生既有压力，又能学到东西，也保证了工作室积极的学习氛围。他用企业研发部的工作方式组织工作室同学模拟研发部工作模式，让学生在工作室模拟体验美工部、电子部、机械部等合作开发。

企业文化深深地影响着他，实干是他来自企业最明显的烙印，他希望什么事情都做实了，他的实干精神使得他对学校文化有着深刻的思考，希望这一点对我们职教界有所启发，职业学校应该如何吸收和运用企业文化于教育教学，这不仅有利于提高学校管理水平，对于学生职业素养的提升也是十分有益的。

近日，听到周欢伟博士的最新消息是，他做了学校二级学院创业学院副院长，这是继教师工作室之后，学校给他提供的又一个发挥才智的新平台。下次见面，我们或许又有了新的话题。

“双师型”教师一定要有企业经历：魏安莉

访谈对象：魏安莉
访谈者：席春玲
时间：2015年3月2日
地点：北京路8090咖啡馆

一、什么是“双师型”教师

我在企业一共做了13年。

席春玲：我们访谈提纲就这几条，一个就是您过去在企业工作的经历，还有一个就是您大学的教育背景和企业工作与在学校工作的相关性，您从企业来到学校有些什么不同的感受与想法，等等。

魏安莉：我大学是学电气技术，跟我现在的教学工作相关的应该只有3年企业工作经历，我在企业一共是做了13年，10年从事电机设计，1年的技术统计，2年的进出口，但我考的证还是挺多的：统计需要统计证，你才有签字权；做进出口，我也考了报关员证、报检员证。

我到了学校后，上的第一门课是“外贸函电”，我当时就没有想到“外贸函电”还是一门课，我以为你会写字的人就会写信，不会“写信”还是一门课吧？但后来“外贸函电”我上了4个学期2年了，上完以后，学生就真的会做进出口贸易，你别看他们是中专，因为我上课的内容比他们工作的内容还要难。

“双师”不仅是双证，一定要有企业经历。

席春玲：您认为“双师型”教师是什么样的？

魏安莉：如果让我说的话，我一定说：双师不仅仅是双证，一定要有企业经历。有一个证，算不算“双师型”教师呢？我自己认为完全是两回事。为啥说是两回事？我2003年就考过了电子商务师，我也考过物流师和高级物流师，我也辅导过学生，证书考评的内容跟企业的工作根本不一样，它考评的内容是企业工作中的理论部分，就没有考实操，真正地去实操的内容是没有的。举个例子，我当时应聘的是我们学校的电子商务专业，电子商务考证的理论和实操都是单选题和多选题，这就是考证。

但我们刚到企业是干啥的呢？我以一个客户的心态去做了一个网站，我每天上班的第一个工作就是把收到的邮件英译中。译完之后，你要跟领导汇报，领导告诉你怎么回复，你再中译英，一定要赶在9点之前把你的信回过去。因为有时差，我们这边早上8点上班，人家那边是晚上8点，你的所有事情就是这个，干完以后，你再去跟单。要出口的货物，你要去车间看做得怎么样了，你要去仓库点数，实际上就是仓储这一块。一般来说，我们一两天就有一个出口的任务，开发票，是专项单，你要做这些事情，这就是电子商务。我的考证跟这些工作一点关系都没有，真的是没有，不是我夸大。后来就有了物流了，广州市的物流题库都是我组织出的，当时好像是10套题吧，其中5套是我们学校出的，全部都是单选、多选、判断这三类题。不管是理论还是实操，你就背题目就行了。

考证它就没有考实操，很多就是单选题和多选题。

席春玲：实操部分也是选择题？

魏安莉：你想一想，单选、多选和判断，跟企业有什么关系，这样考出来的双师型，你觉得有用吗？所以完全不同。你要是真正在企业中干过，你就知道你每天碰到的事情都不一样。如果你是管理人员的话，你碰到各种各样的管理上的事情，你要去解决，那个才叫双师型，所以我认可真正在企业干过、有实践经验的才叫双师型，这跟考证的真的不一样。

2000年我到广东省交通学校，2002年学校开始搞理实一体化改革，我非常认可它的。为什么呢？我就觉得中职的教育就应该是这个样子的。因为我干过，我天天就是写信，天天跑车间，跑仓库，跑海关，我天天就是做这些，我再一看我们的课本，反差太大了。我觉得我们的课本，真的是跟工作不一样，这种对比太强烈了。

当时刘校的方向是对的，但能不能做到位就不一定了。技术性强的东西有设备，就容易做到位，但是我们这种专业就不一定完全做到位。我们很多老师不理解，他们就觉得麻烦。但我心里就很明白，因为我当时刚从企业到学校，那个反差非常大，我就觉得这种课为以后工作做准备，够吗？

我们刘校自修了国际贸易本科。我就把我以前在企业做的单据，全部拿给他看。他刚好教“进出口贸易”，我就拿着单据跟他讲。我离开企业的时候，我把所有的单据复印了，但牵扯到保密方面的，我全部抹掉。你把这些单据看懂，理念真的就不一样了。

席春玲：你们学校像您这样的老师，从企业过来的，有多少？

魏安莉：学校专业老师可能有一半，我们科的可能有一半多都是在企业做过的。

席春玲：那比例算是很大的，你们的改革应该很好做。

教师去企业实践，最起码要3个月以上。

魏安莉：或许我不一定能把工作任务转移到学习任务，但是我认可这个理念。所以，双师型教师就是自己要在企业实践过，最起码要3个月以上。你到了企业，例如物流企业，一个星期实操差不多就会了。中专生的培养定位是基层管理者，在物流企业就应该是仓库主管，而不是仓管员。仓库主管的工作就不是管物，而是管人。管人会碰到什么问题呢？企业里千变万化，如果没有3个月，很多问题你是碰不到的。

席春玲：物流管理专业的学生，实习3个月就可以了？

魏安莉：不行。学生去实习，3个月也是仓管员。以前我们学生在宝供物流实习时，也是仓管员，他要求我们学生最少做2个月，因为2～3个月才会是一个熟练的仓管员，还是做不到仓库主管的位置。所以双师型教师你一定要在这个岗位上才行，既要了解仓管员，也要了解仓库主管，因为你的学生一去就是仓管员，半年到一年就是仓库主管了。实际上，老师可能只能教到学生工作后半年或者一年的内容；学生一年以后的内容，这个老师是没有能力教的。

我发现管理类的岗位也有一个问题，一般不把仓库主管这个岗位让老师去实习，老师主要是去实践操作型的岗位，就像仓管员，出货进货这些工作。可能学校没有意识到这一点，企业也意识不到那一点，但是有一些专业就可以，比如说是汽修，汽修专业学生一开始就是卸轮胎之类的打下手，一两年之后你就成为大工了，大工不需要跟别人接触，不需要跟别人去合作，不需要去领导别人，最多就是协作，你可以给他们提供更复杂的设备；会计的话就可以给他们提供更复杂的账；电子商务的网站可以做得更完美了；客服的就可以给他归纳出一些问题了，但偏重于基层管理型的岗位就不行。

席春玲：让老师到企业去多久？干什么工作？去什么样的企业？这其实是一个很讲究的问题。

魏安莉：是，这是一个很有讲究的问题。我们老师上一次去东莞，很辛苦，她在零度以下冷库里面去搞进出库，还是女老师，去了两三个月。我自己觉得意义都不大。

你到底要培养的学生是什么？培养的学生是基层管理者，你老师都没有做过，怎么教。如果只是实操，学生到那里一个星期就会了，最多是一个月就会了，你为什么还让人家学3年呢？

席春玲：中专学生一两年可能就是基层管理，高职出去很快就是一个基层管理人员。

魏安莉：高职更快一点。我们调研过，高职可能是半年，中职是一年，就很容易进入仓库主管行列。仓库主管要写计划，写总结，做成本分析，培训新员工，如果有辞职的员工，你要怎么处理，突发事件的处理，比如高峰期的处理，紧急事件的处理。所以我就说最少3个月，按理说应该是半年或者1年。我就是从统计员开始做的，进出口我也是从零开始做的，做老师对我来说是重新开始一份工作。

席春玲：可能有1年的时间，前面有3个月做那种基层的操作。那么下一个应该进入到基层管理，可能在基层管理会碰到各种各样的事情。

魏安莉：你要用时间去沉积那种事情，你也不知道会碰到啥。最好就是半年到一年，这样他才会涉及计划、总结、提升，它才有一个完整的循环。

二、来自企业教师的特点

有企业背景的教师，对课改接受得会快一些。

席春玲：您是从企业过来的，你们教书有什么特点？

魏安莉：没有企业背景的老师上课举的例子，比较有针对性的例子就会比较少，还有就是从学习任务转成工作任务的能力可能就要差一些。

席春玲：你们学校的一体化都需要老师去转化吗？

魏安莉：学校是希望，但是各个老师的能力不一样，有的人就是自己设计了，这种人不多，可能就是占1/3；有1/3是已经设计好了，去学习，但他们学习的能力和意愿也是不一样的；还有1/3是没有能力、也不想做的。

席春玲：你们一体化改革中，老师之间有差异吗？有些是比较慢的？

魏安莉：我自己感觉不是很明显，就像统计学中的，差异不显著。就是从去年开始，有2个我们直接留校的老师，一个是会计的老师，另一个是物流的老师，一开始，他们意识不强，可能他们能力也稍微差一点。后来呢，学校也反复跟他们强调，还有就是跟着我做精品课程，我就像导演一样，他们就像演员一样，只要他们愿意接受，他们实际上是能做下来的，物流课80%理实一体化了，就是一半理论，一半实操。会计专业差不多70%可以做下来。企业过来的人，他们的理念是没有问题的，他们自己知道应该是这个样子，他们是有这个先天优势的。对课改的认识上，有企业背景的老师接受得会快一些。

从企业来的教师，职业素养更好些。

席春玲：您从企业到学校的转变过程，有没有适应或是学习的过程，是很快适应还是？

魏安莉：我自己觉得，从企业来中职，要比从学校来中职教容易得多。因为你在企业中碰到的事情，你会不由自主地放到教学中。除了专业以外，还有职业素养也渗入进去。

席春玲：职业素养可能是从学校到学校的老师缺乏的？

魏安莉：对。举个例子，在企业做进出口的时候，下班后你可能要陪客户去逛商场、上下九商业街、友谊商店，因为人家国外来的，也想了解一下风土人情，他们有兴趣，那你觉得这个算不算加班？在企业里，他觉得这不是加班，这算是工作的一部分。

以前，我们谈完之后，就去送一个客户出关，从深圳罗湖出关，赶到最后一班11点的车，回到广州都已经凌晨2点了，第二天早上7点钟还要照常上班，做进出口这是很正常的。但是在学校上进出口课的那些老师，他可能就想不到这些事情，就算是想到了，那我凌晨2点回来，这算不算是加班？但是如果你是这种工作呢，比如说，早上你干了，中午你陪他们吃饭了，下午又和他们再去谈，那晚上陪人家去逛逛广州，那你觉得这就是一连贯的事情，这就是职业素养，素养就是这样形成的感觉，它不是很孤立的。上课的时候你就会告诉学生，上班是这样。

企业来的教师上专业课，学校毕业来的教师上专业基础课。

席春玲：两类不同来源的老师之间有什么不同吗？

魏安莉：假如5个人是从学校毕业直接来的，5个人是从企业来的，过了两三年后，我发现从企业来的更多是上专业课，从学校来的更多是上专业基础课。现在我们科差不多也是这样子，真的是有这个现象。

席春玲：也是在教学实践中慢慢形成的？

魏安莉：对。我们从企业来的现在大多数是上专业课。大家开始没有意识到，但是慢慢地就是这样的，您刚刚一说，我就想起来了，真的是这样的。

席春玲：每个人都有自己的优势，他可能觉得自己没有能力的，他就不敢去挑战，不去上。

魏安莉：他可能在企业不是做这个的，但是他有在企业的经验，他敢去上这个专业课，但是如果在学校的，他不是这个专业的，他有点不敢去上这个专业课。真的是这样。这样搞不清楚是学习能力还是理念。

从企业来职业学校的人是越来越少了。

席春玲：你们学校在新老师招聘中，有没有倾向于要企业的？有没有硬性要求？

魏安莉：没有，因为现在是教育局统一招聘了。

席春玲：那你们这几年招来的人，是从企业来的多还是从学校来的多？

魏安莉：我们现在的趋势是学校的多一些了。企业的人必须有教师资格证，才有资格考，企业的人谁去考教师资格证？现在反而从企业过来的人是越来越少了。

席春玲：教师资格证可以在工作以后获得的，一年以内获得都可以的。

魏安莉：我现在去找个仓库主管或者是仓库经理，他没有来报名之前，他都不知道这个规定。知道以后就去考，那人家肯定是放弃了。再说教师又不是说有多少的优势。所以，现在从企业来学校的人越来越少。这几年，基本就是从学校到学校，或者在那个学校干过一段时间到这个学校来。

国家提倡的是双师，但是没有一个政策是鼓励双师的，现在的双师型教师就是看证书，证书啥也看不出来的。新人进来就是评职称，他没有任何的优势，评职称主要看一个论文，一个教学业绩，还有一个是教学工作量，你在企业，你哪一个能拿到？最多的就是论文，一般在企业的人，有哪一个想要发表论文？

席春玲：比如说是重视从企业来的，有没有特殊的津贴，有没有可能性？那就在职称评选方面，企业工作经验优先。

魏安莉：没有可能性。全日制和在职的学历是不一样的，是不是？比如说，他在企业干了2年，有没有加点分，有行业背景可以加分，现在我们评高讲都是算分的嘛。你在企业干了3年，能不能折成1年工作量，评职称时，行政人员的工作量4节，专职教师的工作量12节，能不能从企业过来的教学的工作量就少一点啊？

现在教师招聘是把企业的挡在外面了。

席春玲：教师评职称一定要有企业工作经历，才能评下一个职称，可以吗？

魏安莉：不太可能。学校领导肯定都不同意，现在很多的中专一个星期上20节课，首先能不能派出老师去企业？第二个就是你到了企业，那种岗位也不一定合适。所以，我觉得最好有一个通道，就是教师从企业过来的通道，让他进来以后，在一年内拿到教师资格证，给他一个期限，但是我们没有特殊通道。现在招聘的趋势，就把企业的人挡在外面。

教师招聘可以学习公务员招聘。

魏安莉：我听去过德国的老师说，德国至少要8年的工作经验，才有资格当职业教育老师。在中国别说8年，就算有2年的工作经验，那也有科学性。职业教育的老师从学校一毕业就给学生上课，一天都没有在企业做过。我觉得学校的老师真的就是应该像公务员这样，需要2年的基层工作经验才招收。

席春玲：大学生不能直接考公务员了？

魏安莉：不行，早就这样了，很多岗位都要求2年的工作经验。为什么老师不这样，哪怕就像公务员一样，不用提双师型了，2年以上企业经历就行了，企业会给你一个鉴定，就是你在企业中水平到哪里了，这就是双师型很重要的一个佐证，这不就是双师型吗？中国就是自己把事情搞复杂了。公务员大多是这样了，你可以去看看2015年招公务员的条件。

席春玲：这样一下子就从入口给理顺了。

魏安莉：我们反而就把入口给挡住了。

席春玲：我们去过一个学校调查过一个护理专业，教护理的老师，没有一个敢去医院值一天班，很多老师没有打过针。

魏安莉：是的，我们以前有个同学，他也是学电机设计的，上到研究生，都没有见过电机。我在企业里，我一天到晚就是做电机，他到我们公司来，我就带他去看，去我们的实验室做电机实验。

席春玲：你们从企业来学校，学校会不会给一些特殊对待，比如说，给一个实验室让你来管？让你们发挥你们从企业带来的一些企业背景的优势？

魏安莉：没有，但是有一点，从企业来的，一来就是上专业课；学校来的，很多一来就是上专业基础。特殊对待就没有。

企业来的教师更珍惜从教机会，更好管理。

席春玲：您的团队里2种不同的成员，在评先进、晋升方面，长期下来会不会有什么不同？

魏安莉：应该有。目前为止，在评先方面，在企业工作的人比在学校里出来的人稍微会多一些，比例大一些。

席春玲：我们没有去统计，只是做一个推测，这个比例可能会大一些。

魏安莉：实际情况就是这样的，比如说我们科每年评5个先进，有4个是从企业来的，1个是从学校来的。

席春玲：还是自律，对自己的要求。企业来的老师更容易管理？

魏安莉：对，同样的前提下，企业来的老师是更好管理。除了自觉性以外，还要一个因素，从企业过来的人比较珍惜这个机会。大多数是从2012年开始过来的，我们当时自主权比较大，新人进来的时候都是我们觉得行就行，我们觉得不行就不行。他们就是非常渴望当老师，他在企业干过，觉得比较难得。从学校过来的人没有比较的感觉，所以你让他多做的时候，他心理很不平衡，但是从企业过来的人基本上都加过班，周末都上过班，所以没有那么多抱怨，他们进来的时候，感觉是不一样的，因为当时我们都是面试的，你可以看到他们当了老师的那种狂喜的感觉，和学校直接招聘来的感受是不一样的。

席春玲：那他们对学生也有所不同？

魏安莉：我觉得差不多，就是说对学生的感情方面是差不多的。我就感觉从企业过来的人，就像我，反而跟学生的关系还没有那么好，你会用企业的要求来要求他们，他们不理解，他觉得这个老师太严了。还有一个特点，从企业过来的人，特别爱说企业会怎么样，经常反复地说，所以学生就会很烦。总的来说，没什么差别。

席春玲：企业来的老师，可能告诉他的是未来工作的情况。

魏安莉：对，学生可能不爱听。还有这个跟人的性格、沟通能力有关吧，跟年龄关系有更大的不同，年轻人跟学生的关系会更好。

席春玲：你们学校教师来源有一半对一半吗，就是从企业和从学校来的？

魏安莉：没有。原来，我们就是一试讲，行，我们就留下了。留下来以后，就是我们自己出题，自己面试，80%能录取到自己想要的。原来那个教师资格证要求也不高，心理学、教育学过了就行。他们很多都是企业的人先来，签了合同再去考这2科，过了，就可以报名了，进来就行了。所以，原来我们基本上都是企业过来的。但是现在他们经常考不过这些在校的，你也不好意思让人家一直等。原来虽然没有教师资格证，但是问题不大，可以边做边考。

席春玲：这个教师资格证在实际工作中到底有多大的用处？

魏安莉：我觉得还是有用的。从企业来的，连教师资格证都没听说过。

席春玲：教师资格证对老师的教学帮助大不大？

魏安莉：我觉得帮助不大，还不如我们的教学法培训。教师资格证的教育学、心理学的考试和一个优秀教师的关联度不大，就像真正的双师型和拿个证的双师一样，关联度不大。

三、教师培训与提升

培训帮助不大，专业培训停留在操作层面。

席春玲：那您来到这个学校，有没有参加一些培训？这些培训对您帮助大不大？

魏安莉：我觉得不大。10次的话，有8次是跟教学理念、教学方法有关的培训，2次是专业培训，但也是停留在一些操作的层面。如果要说有一点用处的话，就像如何去做一个精品课程，组织开发精品课程，我就在这方面得到启发，知道该怎么做了。

席春玲：可能以前没有做过，会给您一个系统的培训。

魏安莉：理念方面我是没有问题了，告诉我怎么去操作就行了，但是双师培训对我的意义就不大了。

席春玲：您希望有什么样的培训？

魏安莉：如果真的从企业里招不到人，又有时间也有钱，能派出老师来培训，就要先培训现有的老师，企业要跟学校一起合作，搞清楚培训出来的老师要达到什么目的，给什么样的岗位，这个目的和岗位要跟学生的培养目标一致。这种企业要有公益性质的，愿意深入地参与。

去企业实践，教师们愿不愿意啊？

席春玲：你们学校的老师到企业实践，是自己联系，还是学校联系的？

魏安莉：学校联系的，但也都是操作层面的，我们学校能做到这一步，在广州也算是前列了，但跟我心目中的是有差距的。这个也牵扯到老师自己愿不愿意，从企业到学校容易，从学校到企业很多老师不愿意。我们学校老师不用坐班的，班主任也不用坐班的，学校一个星期至少能休息一天，但企业是严格的，不能每周休息，可能也没有寒暑假，这个老师不愿意，从企业到学校是容易适应的，从学校到企业的不容易适应。理想的是企业愿意，学校也愿意。据我观察，可能愿意的老师不会超过一半。

按理说呢，如果你22岁大学毕业，未来的职业发展可能有二三十年。如果你从20、30年的角度看，你去企业1年、2年也是值得的，但是我觉得很多老师意识不到，也没有想到这一点，很多学校也意识不到。这就相当于你有一个积累，这个积累对你以后的工作是很好的，但很多老师没有想到。如果像我们科长这个级别去推进呢，很多老师有逆反心理的，你看别的老师不去，人家也一样评职称，人家工资也没有少一分钱。我们学校一天是3节课，一个星期15节课，年轻老师可能有20节课，他也觉得挺轻松的。但是从收入上就少了，时间上面就觉得付出得多了，而且能不能做下来，他心里有点害怕，心里没底的，因为他一天都没有去过。从6岁读书，老师就是这么教的，他认为当老师也是这么做的。

教师的职业素养。

魏安莉：我刚当科长的时候，他们也挺不适应我的，我也挺不适应他们的。有一次，我印象特别深，他也是华师毕业的，也挺努力的，他考上了华师的在职研究生，要去那里上2天课，还要在学校上2天课，他自己就休息一天。我们当时就找一个容易的班，他就不愿意，他说，他在华师那边上课就很累了，在这边也要上课，还要当班主任。我就跟他说，你一个星期只上2天的课，你要是在企业的话，根本是不可能的，你上2天课，人家就要给你工资，这是不可思议的。

他说一句话，我印象特别深："你要知道，这是学校，不是企业"。我来交通学校的时候，我也是在读研究生，我是1999年开始读的，2001年6月我正式到交通学校，一直到2004年拿到毕业证，我写了2年论文，我们学校基本上没有什么人知道。为什么？我觉得这是我的私事，就像我生小孩、结婚，这是我的私事，我怎么能影响到工作呢？所以到拿到了硕士证要归档，我们办公室的人才知道。

因为他是从学校到学校，他没有这种意识，我读研究生在提高，这也是学校鼓励的。我们科也有一个从企业来的女孩子，她在华工读硕士，也是从头到尾，基本上我们都没有感觉到她在读一样。很奇怪的，企业来的，你都不知道他在读；从学校过来的，他就觉得明天我要考试，最近要复习。这也算是一个职业素养。

或许是环境使得教师斤斤计较吧。

席春玲：企业工作经历，就是一种差异吧。

魏安莉：在我们企业，我们的奖金、年终奖都是在一个信封里，你也不知道人家多少钱，大家都不知道，因为别人都不问，如果你问了，人家会觉得很奇怪。但是在学校里面不一样，会互相问的，校务公开，连校长的工资我们都知道，这在企业都是不可思议的。你根本就不知道领导多少钱，在公司，我们连同事的工资都不知道，好像大家都觉得是理所应当的。

你到了学校，科长多少钱，校长多少钱都应该知道的，你不去企业真正地干过，你怎么能体会得到呢？你说在学校，老师斤斤计较，这不仅是老师的原因，还有氛围的原因。在企业里你就没有这种环境让你去斤斤计较，企业就是这种合同，不行就给你解聘了，学校就不行，所以，我那个老师就说：“这是学校，不是企业。”他一说，我就二话没有得说了。我觉得他说得很对，一语点醒了我一样。环境不一样，你在学校，2天去读书2天工作，是一个勤奋努力的人，但是在企业绝对不会出现的。

席春玲：在澳门、香港也是这样，你学习提高是你自己的私事，你自己去解决。

四、关于技能比赛

技能比赛和大多数学生没有关系。

席春玲：您有没有指导学生参加一些竞赛，有没有帮助？

魏安莉：竞赛肯定是对教学有帮助的，竞赛就相当于集体力量设计出来的学习任务，除了设计出来，可能还强制性地运用在你的教学中了。比如说，有一些学校想在一些会的人中挑，那它就要把这些学校任务贯穿到教学中，我觉得它的最大的作用就是这个。以物流为例，我们就基本上设计出来了4个任务，支撑了很大的学习份量，这个还是挺好的，但是它的问题也是比较多的。

可能像汽修就不是这个样子，它的工作岗位很少，最多的一个项目它的工位就只有3个。那你一个班50人，3个人轮一遍，要轮多长时间？你最多就是大概学会，然后就挑出3个，经常练，工作岗位少这是第一个问题。

第二个问题，它还是停留在技能的熟练程度，这和一个优秀的基层管理者之间关联度不大，就是技能的熟练，因为你培养的目标是一个基层管理者，所以物流优秀选手的就业没有明显的优势。

汽修专业也就是一个固定的技能点反复地练习。我听说现在4S店的趋势都是要高中生，或者是高职生，因为除了修车能力，还要看说明书，说明书是英文的，所以你的专业英语要好，中专生可能达不到，再往上走的时候还是不行。还有，技能训练只是训练了一小部分人，和大多数学生是没有关系的。

席春玲：那您刚才讲的熟练度，那把这个技能竞赛的内容改成设计与管理，可以吗？

魏安莉：应该可以，但是我们老师没有这个能力，因为老师没有在企业干过。他不懂，包括我也不懂。

席春玲：现在这个题是由谁设计的？

魏安莉：学校的老师，企业的人也会参与。

企业认为，学生一个星期叉车就很熟练了，我们就是要叉车工，大量地要叉车工；学校也这样认为，你叉车开得很熟练，一个月也可以挣3 000多元；但是我们的学生，你去问一下，他肯定不愿意干，家长也不愿意。企业也需要这样的人，我们老师也认为叉车工的工资很高，但是你问问家长、学生，他愿不愿意10、20年就干叉车？你要站在学生的角度去考虑。

所以，即使企业觉得你的学生一来就是干这个，你把这个学会了就行。但是，作为一个老师要对学生负责，不能听企业的，学生啥也不懂，所以，我觉得还是责任心的问题。你真正想培养基层管理者，你自己都不会。企业就说你进来，我肯定是要，10个人，这种岗位流动性很强，所以我就只看你这10个人谁熟练，但是我就觉得，你要给学生上3年课，最起码是2年，你要对人家负责，你不能只站在企业的角度吧。

技能竞赛基本以熟练为主。

席春玲：竞赛的设计是比较孤立的。以操作性，以熟练、时间短、快、不出错为标准，好像跟训练机器人一样？

魏安莉：这就是机制嘛，汽修这个专业也一样的，都是以动作为主，只不过他们的观赏度好一点。你的技能竞赛设计是为什么，如果只是说为了学生的技能熟练，那现在是可以的。那我觉得搞了那么多年，大家都是努力地去做，就为了技能熟练，我觉得这个意义不大。我认为会就可以了，不需要那么熟练，因为每个企业的情况不一样，你教会他基础的，企业也会培训，有师傅带他。

席春玲：这其实也谈到了职业教育到底要教什么的问题？

魏安莉：对，关键就是教什么。教什么就决定了双师型内涵是什么了，你的技能竞赛赛什么，你老师都达不到这个程度，达不到真正的双师型，竞赛你就更设计不出来了，所以学习任务也还停留在技能方面。

我就给老师说，我们设计学习任务，每一节课至少要有2～5分钟跟学生讲这门课在企业中是怎么用的，要讲职业素养，讲在干这件事情的时候你要注意些什么，反正就是跟企业联系，我们科80%是从企业来的。

后来我发现这个效果不大，因为学生没有感受，我们现在折中一下，我都要锻炼他的组织能力、沟通能力、写作能力，我就做一些基础，那他到了企业就知道自己该怎么做。

那次我代了我们老师一堂课，我发现很简单的堆垛，我们老师一去就堆垛，我就说你先别干，你们先设计一下，设计必须要量尺寸，后来我发现，他们连尺寸都不会看，我相信老师都没有意识到这一点，因为大多数老师都是从企业来的。

席春玲：现在的技能训练很多都是碎片化的，重视片段化的技能训练。

魏安莉：从技能的角度来看，它还是有连贯性的。你也可以给他分解，比如说10个学习任务组成一个大的，这个大的就是竞赛，就像我们物流的进出库，最快的也要差不多20分钟才能完成，就是入库、出库、盘点、流通加工、打包、堆垛，学生要做得非常快。实际上很多学习任务都贯穿进去了，但是它反映的还只是一个实操。

如果是我，我也会流动，因为它技术含量很低，学不到什么东西。

席春玲：学生做仓管的，你们有没有跟踪调查学生的流动性，就是在这个岗位上做多久？

魏安莉：这个流动性很大。如果是我，我也会流动，因为它的技术含量很低，学不到什么东西，那学生也不傻，他觉得我2个星期就学会了，剩下的时间就是重复劳动。

席春玲：重复工作，小孩都不喜欢干，那我们要用几年的时间来学习这个。

魏安莉：我们几年的时间，比如仓储与配送管理，我们有一半的时间学习理论，一半的时间实操。理论就是讲一些货物保管的方法，货物保管出现的一些问题，比如说仓库的布局。我们给学生讲的时候，从学生的角度，理论他是搞不清楚是干啥的，实操时他就知道是干啥的，他就是不知道理论学习了怎么用。

回过头来，除了这些实操以外，仓库管理这种层次，我们老师升不到这种层次，设计不出来这样的学习任务。学生到了企业以后，他也是做实操，你教给他理论的，他也不知道怎么跟实操岗位联系起来。

仓管员是管物的，仓库主管是管人的。

席春玲：如果您让他做两三个月的实操，他就会很乏味了。他的目标岗位应该是主管，基层管理人员，仓库主管。

魏安莉：仓库主管不是仓管员，仓管员是管物的，仓库主管是管人的。

席春玲：如果是管人的，那涉及的课程就有很大的不同，就是课程目标定位会不同。

魏安莉：就像刚才我们说的那些理论，比如说货物仓库的设计，货位的设计，我们全部都讲。如果他是管理人员，他就觉得这个东西很重要，你要是觉得你的培养目标岗位就是这个，你要从这个角度去设计，那你就可以把理论放进去。如果学生没有这个能力的话，即使你给他，他也觉得干不了。

问题是现在的老师他自己也没干过。

席春玲：你把他招进来，你就应该告诉他，学这个知识对你很重要。

魏安莉：问题是现在的老师他自己也没干过，所以，就回到我们最开始的双师型。我们现在是教中专的，你大专的就行了；教本科的，研究生就行了，理论方面应该没有问题，如果是职业学校呢，我觉得就不行。

访谈后记

对魏安莉老师的访谈是有基于个人的学术敏感，我和她有过几次一起做专家的合作经历，在返程的路上也聊了很多教育教学方面的话题，一方面觉得她在企业有13年的工作经历，是一个真正的双师型教师，另一方面还感觉到她对职教师资有着自己独特的思考，于是就告诉了想就此对她做访谈的想法，在放寒假后的一天，魏老师来到北京路，我们聊了一个下午。

当局者迷，旁观者清。魏安莉老师她来自企业，带着企业特有的思考方式。她是从企业的视角看学校，她开始做科组长的时候觉得有点不适应，这就是企业和学校两种文化的不同，在企业，公事和私事是分开的，学习提升是个人的私事，不应该占用工作时间，也不会到公司要求照顾，但是在学校教师学习提升是个人的私事，也是学校的事情，不仅要得到鼓励，还要在工作和时间方面给予照顾。

魏老师来到了学校，她从企业习得的思维还在影响着她，于是，她用企业的文化来要求科组的老师，老师们觉得不适应，是因为这些老师是从学校到学校，他们一贯熟悉的是学校的文化，思考问题是学校思维，因此，最初的冲突是在所难免的。

如果她是强势的，老师们适应了她的管理，那老师们可能就在某种程度上具有了企业所认同的职业素养，从企业来的双师型教师就在某种程度上改变了我们的教师结构和教师素质。可以设想，如果有足够多的来自企业一线的双师型教师，那么职教教师队伍的整体的职业素质的提升是会逐步达成的。

带头做项目，推动专业改革：贺贵腾

访谈对象：贺贵腾
访谈者：席春玲
时间：2014 年 11 月 16 日
地点：中山职业技术学院高职研究所

一、从企业到校办厂负责人

席春玲：贺老师，您原来是在企业里面工作？

贺贵腾：我是 1982 年 7 月份毕业分配到江西的国有彩电企业，做工程师，设计电视机的，干了七八年后，到了一个合资企业，也是搞彩电的，我就在这个企业做了 4 年，做开发部的经理。1996 年搞企业改制，我就到了中山一个搞 VCD 的数码企业。

一个偶然的机会到中山中等职业学校去参观，就跟校长聊到这个事，他说中职学校就希望有这方面的专业人才，他说他们有一个消防工厂要这方面人才。我也是开玩笑咯，我就说学校好啊！他说：你说学校好，你就来。我就说好啊，开玩笑的话，反正是吃饭的时候。

之后他就发了调令，就那样稀里糊涂地过去了，就到了中山中等职业学校的那个消防企业。1998 年在中山中专做消防厂的一个总负责人。

席春玲：哦，到中山中专这边就是不仅搞工程，还要做负责人。您还要负责销售啊，负责研发吗？

贺贵腾：我主要负责研发，所有的产品都是我做的，所有的程序、硬件，都是我在做的。基本上都是做工程，在这里也是做，我在所有的企业都是做工程师，高级工程师，但是也兼了职位。

席春玲：这家校办厂是生产什么的？

贺贵腾：生产复读机，后来生产家用防盗报警器，反正电子方面的。

市政府就发了个文，企业要跟学校脱钩。

席春玲：哦，这个校办厂现在还在生产吗?

贺贵腾：到了2003年以后，市政府就发了个文，企业要跟学校脱钩，那这个企业就分离了，那学校就签了我，我就到学校了，全职当老师了。

席春玲：您1998年到2003年这5年时间都在校办厂做负责人?

贺贵腾：对，兼学校电子专业的一些主干课程，就是他们讲不了的课。

席春玲：原来国有企业工程师是在什么部门?

贺贵腾：一直是在电子开发部，跟研发有一点不一样，电子企业都叫开发部。

席春玲：中山中专厂的这5年多时间，这些报警器、复读机，这些产品是您设计的?

贺贵腾：全部是我设计的。他们也有产品，后来又更新换代了，后来中专生产的都是我设计的，那个企业在跟中山中专合资之前也存在，后来它的整个实体都搬到学校来了，所有生产车间、开发部、销售部都是在学校，但是经营管理是独立的。

席春玲：现在我们的学校又想办校中厂，厂中校，又想把这些企业引进来。

贺贵腾：对，也是一样的。

席春玲：当时2003年的时候，就是国有资产说不清，就把他又拨开。

贺贵腾：对，就说钱是学校给投的，说不清楚，反正有告状的，说一些乱七八糟的事，因为谈到这个责任吧，就剥离下来，中山市所有校办企业基本上都剥离。

席春玲：那时候，很多学校都有企业吗?

贺贵腾：很多都有企业。20世纪90年代，不管你是在广州还是在镇乡，都有校办企业。

现在校中厂的性质不一样了，这个主要是产权问题。

席春玲：现在我们又想办校办企业。

贺贵腾：现在办的性质不一样了，这个主要是产权问题。那个时候产权说不清，现在首先讲产权，所以经过这么一段时间后，对于一些本质的问题就搞清楚了，现在的校中厂跟以前的校中厂不一样。

席春玲：嗯，都是厂和校的合作，但是内涵上有很大的改变。在中山中专您在电子系教学?

贺贵腾：嗯。就是负责电子专业。剥离的时候，你可以直接离开学校，也可以留下，但学校就讲，好不容易把你搬过来，你还是留在学校吧。1998年调过来以后，既是这个部门的人，又是那个部门的人，还管到实训室，做了很多事。

席春玲：学校还是希望您留在学校？

贺贵腾：嗯，对。

席春玲：您什么时候又到了中山职业技术学院的？

贺贵腾：我是2008年来的。一个新办学校，放眼一看，都是年轻人，所以他们要一些老中青。他们要有几个条件：第一，职称你得达到，第二，得有企业经历，第三，他规定的一些条件，譬如说什么贡献，在行业里面有一定的知名度，或者说有一定的了解之类这些，就过来了。

教师从本科到高职的，总是说不好教。

席春玲：您是从中专到这个大专？您觉得这两个段的学生在教学方面有什么不同吗？

贺贵腾：我就觉得从本科调到大专，不好；从中专中师调到大专，应该是比较适合。为什么呢？我发现我们很多从本科下来的老师，他就不适应这个中专、高职学生状况，他的思维老是学生该会的都会。这肯定要先了解学生，所以往往就产生冲突。他们教本科就会，但是教高职就不会，那我们老师就发脾气了。但我们从中专过来的就知道中职学生就是这样子，我们就感觉到比我们中山中专的好多了，所以我们（中专老师）加进来的话会更好，我就觉得好教。这个角色的转换比较自然，但是从本科到这里，就是一个很痛苦的过程，总是说不好教。大家都理解了，这也是一个很大的学问。

席春玲：嗯，就是现在的高职的学生比中职的学生好教。

贺贵腾：要教好学生，应该了解学生。这里的学生理论水平实在是不咋的，这个对我们老师来讲是很痛苦的一件事。这些高职的学生，如果该会的他都会，那学生就想：老师，那我就不读这学校了，我读本科学校了。

席春玲：您怎么教，您有一些什么经验呀？

贺贵腾：这个应该说是我们电子专业比较成功的一个方面，电子专业不好教，第一，比较抽象，如果按照传统的教法，你很辛苦地上完一节课，下了课你去问去，十个人起码八九个都是不明白。第二，这个产业整个不景气，工资也不高。

二、职业教育服务地方企业

贺贵腾：社会上不一定都要理论非常强的东西，在企业里开发部核心的、实践和理论都很强的就是那么两三个人，其他的都是干活的，就是要你的动手能力，要心灵手巧，但你车一个东西也车不好，那就不行了。所以，企业不一定讲这些高深理论，理论比较强的又拥有比较好的动手能力的人是很少的。我们老师就不知道这些。理论很强，动手也很强，管理也很好，核心技术人员就那么两三个，三四个人，传统的企业就这么多，华为这些大型的IT企业可能就一半左右。

实际上，我们就定位在为中山区域经济服务，因为中山出钱（办学校），那我只能这样讲，就是要为我们中山企业培养对口的、基础的这样一种人才。我是这种观念，是中山市给我出的钱，那我们就要为中山市服务，中山市主要是家电企业。家电企业正好又适合于我们高职学生的思维水平。高职学生你叫他做，就做得不错的，他们不一定是去搞开发的。

我们要立足于中山，立足于培养中山的技术管理类人才，为什么呢？中山多数是中小企业，而且大部分是家族企业，家族企业有个传统观念，他的管理人员要么是亲戚朋友，要么是自己的老乡。学生如果专业知识这方面他懂了，你就给他管理方面、为人处世方面一些熏陶，他们去到外面很受这些小企业的欢迎。你不能说我们这是电子信息专业，一定要抱住这个电子专业不放，电子专业作为一个基础，怎样为企业服务，这是我们应该要考虑的一个问题。

中山市出钱办学，那就要为中山企业服务。

贺贵腾：要为中山市企业服务，那我们对中山市的企业要有充分的了解，首先你得对中山市的企业需要什么样的人才，必须要有针对性地，不能照书上的，照报纸上的，网上查到的，要真正到企业里面去问。我是不用去都可以，因为我就是从企业来的，都知道。

因为中山一个是小家电，一个是灯具，一个是音响功放，这是我们的三大支柱产业。企业需要有技术的人，那我就培养这样的人，不用很精通。很精通的话，他不会去。就怕你对外面发展的技术是怎么样的不知道，那就麻烦了。我跟你说，那些老板是看不懂的。

到时候大家都有这个共识的话，职业教育必须要跟企业紧密结合起来。中山市培养学生花了这么多钱，企业说这学生怎么样啊，政府问合作能不能给你解决实际问题啊？中山市办了这学校，不但要培养学生，还要为企业服务，不然就不完整。这是我对职业教育的一个理解。

席春玲：嗯，您对企业需要什么样的人比较了解，然后在教学中就培养这样的人。

贺贵腾：对。着重培养这样的人，但是是全面的，这是作为一个平台，这个平台上我们怎样去培养学生，那电子专业一定要按照电子的一些基本规律去培养，基本的定律要让学生学到手。

什么叫作真正的校企合作?

席春玲：真正的校企合作是什么？

贺贵腾：什么叫作真正的校企合作？这很简单，我们的老师或者学生到企业里面去，能帮企业解决问题，帮他设计东西，帮它提高质量，帮它生产制造，电路优化，这不就是解决问题了吗？这是职业教育必然的趋势，如果学校是学校，企业是企业，这哪是职业教育啊？以后一定会发生变化，职业教育必须校企合作，紧密合作。

现在问题是我们的老师是从学校到学校，根本不了解；第二要让他们耐心地在企业里面待下去，最大的问题就是必须解决职称的问题。只有他们职称解决了，才能搞。

席春玲：我们学校的老师有没有要求到企业待一年或者半年？

贺贵腾：有，但是没实行。只是鼓励去一年。我们专业也有老师去，一个萝卜一个坑，工作量很大，我们现在排好了课，走了一个老师怎么办？

三、痛苦而坚定的电子专业改革

改革阻力非常大，因为颠覆了他们传统的东西，但是效果很好。

席春玲：哦，你们做了哪些改革？

贺贵腾：做了很大的改革，在中专就是这样子，中专是初中学生升上来的，要学电磁理论。我的改革很简单：先做完了以后再讲，讲完了以后再问，但我不会一个一个答你，等一下一起来讲。做是他们的特长，做了再讲解，他们就明白：哦，原来是这样的。在中专我都这样子教学。

有老师说，那些学生为什么跟你关系这么好？这让我更加这样改革。我也不讲那么多，就是做，我就把原来在企业里面做的那些产品讲讲，根据知识点，做成一个一个小的效果，这个就很麻烦，备课很难备，你怎么去把这些东西阐释开来，这是第一个。

第二个关键问题是课堂怎么控制，有些人还在出发的地方，有些人已经到终点。教学改革阻力非常大，为什么？颠覆了他们传统的东西，但是效果很好。

席春玲：您讲的阻力大，是来自老师们的阻力吗？

贺贵腾：嗯，老师的阻力大，因为老师基本上都是从学校到学校，没到企业来过，他对整个的设计，电路的设计、装配、调试、检测、恢复，根本不知道，只要有一个环节卡住了，课就上不下去了。哪个老师愿意干这个事啊？上课如果一本书、一个教材、一个讲义，然后一支粉笔，或者一个PPT，那多好啊，是不是啊？

很简单啊，我带头做，帮其他老师做。

席春玲：嗯，老师阻力大，您是怎么样推动的？

贺贵腾：很简单啊，我做，我带头做，帮其他老师做。在这里我也是这样，还有些公开课。

席春玲：哦，那您要做很大的工作。

贺贵腾：要不然的话没办法推下去。所以我到了高职院以后，我到了这里的第一年2009年我上课就开始这些改革。我说：上课这样讲不行，学生根本不知道，这些书编得很厚，你在那讲理论知识，学生都不愿意听，都在吵，但是让学生动手做，学生就很厉害。

这个课程体系我们是广东省首创的。

席春玲：您刚才讲的对课程做一些改造，譬如说，单片机的这些课程改造，有没有教材固化？做成讲义？

贺贵腾：都固化下来了。我们原来20多本教材，现在我们是广东省的重点专业，这个课程体系我们是广东省首创的，没有哪个企业，没有哪个学校是搞我们这样一个课程体系。

席春玲：就是电子信息专业的课程体系？如何选择项目？

贺贵腾：这就是技术问题了，你选这个题目，必须把基础理论、专业知识融入进去，知识点要融汇到每一个的环节里面去，知识点都要渗透到项目里面去，例如电路基础，单片机这些，有哪些知识点没有覆盖，你要清楚。

席春玲：嗯，你们讲解的单片机是指？

贺贵腾：现在空调都是遥控的，这就是单片机。控制的核心就是单片机。计算机分三种发展方向，一种是超大，一种是超小，还有一种是单片机，单片机就是我们控制电路的，这个就是编程，要把这知识点弄透，我们做了大量的工作。

先做，再讲，这是一个很辛苦的过程。

席春玲：您是怎么带一个团队的，老师们是从学校到学校的？

贺贵腾：我把很多我自己的板子拿出来，板子都设计好了给他，到底可不可取，大家一起来分析。他可以学到这个项目，大家一起来讲。按照这个，老师自己做一遍，不是说你老师自己弄出来之后立马叫学生做，这不行的，老师自己最少要做两个以上。做了以后，他们就会说这个可以，这个地方要改，那我们讨论能不能改，什么是关键点，这个地方可不可以不要？有的项目最短一个学期选定，有的项目是一年，我们有一个项目选定用了两年。

席春玲：您这个项目是把教材开发、教学的实施整或一个过程？

贺贵腾：老师在选定这个项目后，完善这个项目，形成教学文件之后你自己再整理一遍，发现什么问题，自己再操作一遍，发现问题再改，改了以后再做一遍，再改。到最后一步，要半年或者一年。一个项目两年，这个项目可以了。下个学期上课，那我就选这个项目。教材也出来了，项目也出来了。教学过程中所有的都出来，知识点出来了，考核也出来了。这个时候就轻松了。

席春玲：您选项目，带团队，团队成员是自愿参加的吗？

贺贵腾：这个是必须要加入的。先做，再讲，这是一个很痛苦、很辛苦的过程，我们一般是暑期做。根据现在技术再改造，社会上需要什么东西，这个东西又是一直供需比较旺盛的，这个技术现在不成熟，未来也不是落伍的技术，我们就做。

教了十几年的课，非常熟悉的，他接受不了啊。

席春玲：那后面的有些课程是不是就不需要学了？

贺贵腾：对，不学了。我们开始的时候，有些老师就要学传感器，其实，所有的项目里面都有传感器了，贯穿其中，而且是核心应用。电子应用的话只要知道输出参数是多少，输入参数是多少那就可以了，我把输入跟输出对照，看这个电路能不能适应，如果不能适应再改造，至于那些结构、原理就是了解一下，知道输入跟输出就可以了，我们主要是应用。有的老师从本科院校来的，教了十几年的课，非常熟悉的，他接受不了啊。

席春玲：这种老师的抵抗情绪您是怎么处理的？

贺贵腾：我也不知道是怎么把他们都搞定了，他们必须听我的。一开始也抵触，主要是我把这个项目一起给他，他还有什么好说的。最后的话，大家一同合作。

课程的名称发生了重大变化。

席春玲：那这样的话，课程的门数是不是有减少？

贺贵腾：没有减少，但是课程的名称发生了重大的变化，互相渗透了。这是一个非常痛苦的过程，我们非常重视过程考核，你没有办法蒙混过关，一开始搞得我们老师下不了台，过程非常重要，第一，你把这个知识点渗透到每一个过程当中，项目过程怎么样你必须要有考核。第二，能力怎么培训，如何达到能力要求，怎么考核。第三，老师一定要学会课程管理，一旦出现意外，学生就起哄。有的学生还在做第一个学期开学做的项目，有的早就没有什么事情了，怎么办，这个老师要设计好。

席春玲：你们开一门课的时候，一下子把这个学期工作项目都告诉学生？

贺贵腾：这个墙上贴的都有了，就往前走。你能走多快就走多快，你走多慢就走多慢。

席春玲：这是小组，还是学生个人？

贺贵腾：小组跟个人相结合。有些知识点就不可能小组了，有些材料比较贵的话就以小组，有些工作量比较大的、配件重的，就要男孩子跟女孩子搭配，才能完成。

我们非常重视过程考核。

席春玲：那老师在考核的过程中就可以打分了，不用再对他们进行考试了。

贺贵腾：不用了，我一看那些作品，整个项目，很多分项目，一项一项的，所以很辛苦，作业我就以这样一种比较简单的方法，高考的不是有排名吗？最高分是第一名98分，第二名是97分，这样一直排下去，按交的时间先后顺序，那就很快了，一看就出来了。最后一两个作品我慢慢看你的质量。那在这个教学过程中，就不会出现纷争了，考核也改革了。实际上教学做一体化成本就在考核，你如果考核不到位的，（学生）就可以偷懒，该做的不做。

席春玲：那您在这个团队，把这个团队通过重点建设都改造过来了？

贺贵腾：都改造过来了，他们自己的能力也提高得很快。

席春玲：那您这里有没有做一个全省的电子专业培训基地啊？

贺贵腾：有，去年做的是电子专业课程改革培训，但是报名的人没有多少。

席春玲：您这个课程改革经验是否可以扩大，不仅在电子，其他专业也可学习吗？

贺贵腾：我们学校的课程已经完全改革了，只是我们专业做得比较彻底。

这样做要用大家很多的时间。

席春玲：相近的专业都可以借鉴您这种改革，是吧？他们怎么进行项目化改革？

贺贵腾：最重要的一点是这样搞很辛苦，作为年轻人，他可能在各个方面都提高了，但是长期这样对他有没有好处呢？这样做要用大家很多的时间，那年轻人的职称怎么办？他必须要解决职称的问题，这是我们分配的一个标杆，所以我从去年就没去做了，让新人去搞职称。让他们大部分在职称上解决了，我们再搞校企合作。

现在是目标一定下来之后，那些年轻人自动就做下一步了。我认为主要是提出一个目标，要思考这个目标，要实实在在地校企合作。企业为教学服务，教学为企业服务，能够实实在在地解决问题这才是真的。我们现在的校企合作是虚的，天天变化。

讲完之后，再做一遍。

席春玲：如果这个职称也和校企合作是一个方向的，这个您就更好做了。如果让你们做电子专业培训，您怎么做？

贺贵腾：如果我们培训的话，跟我们学生一样，讲完之后要再做一遍，我原来制订的培训计划就是这样子的，要做一遍，做完了之后大家再讨论。作为老师，要讨论项目的编排是否合理，有没有更好的编排，项目的选择，对知识点、能力、素质的培养能不能达到目的，考核能不能真实反映学生在这个过程中的状况，项目和考核有没有改进的地方等。

访谈后记

贺贵腾老师是一个扎扎实实做事的人。不谈专业时，他言语不多，似乎总是在等着对方说话；然而说起专业改革来，他却滔滔不绝，你想打断插句话都比较难。

他做起专业建设和课程建设来，更是身先士卒，他总是首先做出模板，然后再指导和带领团队其他老师一起做。带头先做永远比只提要求效果更好。他改造教师们从理论到理论的方法很简单，那就是自己带头做。他具有专业领导力，能够从最可能突破的地方着手，带领团队他也是自己带头做。他知难而进，他痛苦并坚持着，改造传统的一套思维习惯是需要勇气的，尽管刚开始阻力重重，但教改效果很好，通过实践改造和建设专业团队他自有一套办法。

因为从实践中来，他带来了大量真实的研发案例，他对电子应用有着深刻的理解，他不仅懂专业，他更懂企业。他从企业中来，带着企业的使命感，培养学生为企业服务，研究中山市电子行业的人才需求，带领教师和学生深入企业调研，帮助企业解决他们最迫切的技术问题。

所有开设电子专业的中高职学校都可以与贺贵腾老师交流探讨学习，他们的课程改革最彻底，做得也最扎实。有电子开发需要的企业可以去找贺贵腾老师，因为他不仅有服务企业的意识和扎实的专业水平，他也有为学生和老师寻找企业实习实践机会的教育需求。

下篇小结

关于“双师型”教师的讨论有很多，有人提出双证书型双师，有人提出双职称型双师，还有人提出比较抽象的双素质型双师和双能力型双师。其实，真正的“双师”最为根本和关键的是企业经历与工作实践，没有企业真实的工作经历和实践经验的教师，他们都没有底气说自己是“双师型”教师。

关于什么才是“双师型”教师，我们和很多教师讨论过。记得有一次和南海信息技术职业学校田中宝老师聊天，他的一个标准简单但不无道理，他认为，“双师型”教师一定要是那种在企业里领过工资的才算数，他们才真的知道企业是怎么样的。魏安莉老师讲具有企业工作经历的“双师型”教师和考证“双师型”教师之间的区别，打了个比方，正如全日制研究生和在职研究生是不一样的，这两种教师也是不一样的，经历不一样，体验也不一样。周欢伟博士认为考个证成为双师教师，这和工程师肯定不一样，工程师是要进行职称评审的，是在具体工作岗位上的专业技术资格认定，而前者只是一次考试通过拿个证书。

其实，“双师型”教师他们更多的不同在于精神方面展示出来的特色，他们的企业经历和实践经验孕育出了他们不同的职业素养、企业文化、职业精神。他们公私分明，他们把在职学习看作是个人的私事，他们希望把什么事情都做实了，他们希望职业技能大赛关注核心技术的发展，他们带领团队扎实开展教学做一体化改革。

下篇中6位“双师型”教师都是具有企业实践经验的教师，他们对企业的理解和认识是真实而独特的，希望他们的实践与思考能在某一个方面对读者理解职业教育有所启发。这些方面或者是职业教育与社会的关系，或者是职业教师的来源与培训，或者是职业技能大赛的改进与提升，或者是专业建设与课程改革，或者是学生实习实训与就业，或者是职业教育服务地方经济等。

结语：

潜心职教实践，孕育职教真知，成就职教名家

佛陀的开悟是长期修行的结果。要懂得职业教育的规律，了解职业教育的秘密，实践是不二法门。潜心于职教一线的实践家是我们当今最缺乏的，也是最宝贵的人才。对这些来自于岭南职业教育名家的访谈，旨在褒扬职业教育领域中的一种实践精神，一种探索精神，一种专业精神。

岭南职教名家人格饱满，对自己所从事的工作有一种使命感，他们可能是校长、局长、董事长、处长、工作室主持人等，但是他们把这些一官半职看作是自己干事业的平台和基础，而不是占有资源和满足个人虚荣心的权杖。

被访谈的10位岭南职教名家都是多年潜心于职业教育一线的实践者，他们最了解职业教育，他们是最巧妙地运用职教规律的人，他们深谙职业教育的发展之道，他们不断探索实践，在实践领域做出了卓有成效的贡献，他们是21世纪初岭南职教事业的开拓者、创造者和引领者。

名家无关乎官方民间，名家是因为他们做出了创造性的、常人无法匹敌的成果；伟大无关乎职位，伟大是因为你在投入地做着伟大的事业。让我们向这些平凡而伟大的职教名家学习，共同推进我国职业教育的发展，为中华民族伟大复兴的中国梦做出应有的努力。

后 记

（一）

自从接触到质性研究之后，就一直跃跃欲试想做访谈研究，但是2002年第一次做访谈研究的体验是苦涩的。记得那是对一位台湾留学生的访谈，不知道是理论储备不足，或是对研究方法掌握不到位，或者是访谈没有很好的引导，或是访谈对象不够典型，自己当时不知如何分析与加工那些访谈资料。

第一次研究的失败使得自己后来多年都不敢用这个方法，只是在持续不断地阅读，看陈明向老师的著作以及各种研究案例，看社会学者的访谈，看郑丹丹关于社会性别的质性研究，用心揣摩他们的写法、他们的视角，希望从中获得启发。终于从2008年开始，尝试在女子高校研究中采用访谈，对学生和教师的海量访谈使得自己似乎对访谈研究方法有了新的认识。当把《女校教育的秘密——单一性别教育研究》书稿交给编辑的那一刻起，自己似乎又受到了鼓舞。借助自己主持的课题“广东省高职院校师资队伍现状、问题及对策研究”之机，2014年开始了另一次的访谈之旅。

（二）

我喜欢质性研究，这是一种有温度的研究，是一个能使研究者获得成长的方法。质性研究中的访谈研究需要访谈者与被访者之间有一种朋友般的默契与彼此的认同，才能彼此激发，进而聊出有深度的话题，挖掘出对职业教育的真知灼见。没有真心相对，你几乎无法访谈任何一个人。访谈者与被访谈者真诚地交换每一个观点，只有真诚的、有着自己独特思考的人才会是一个合适的访谈对象。与每一位访谈对象深聊后，你的心中就有一团火在跳跃，你会有一种被激发的感觉，与这些积极的实践者交流是研究者特有的一种幸福。

这是一种具有文学风格的研究，通过专业人员对研究事实的选择与雕琢，让有冲击力的事实站在阅读者的面前自己说话，这些故事对人的震撼和影响是无可估量的，它使你有一种身临其境的感觉。这是一种有生活气息的，带着浓厚时代色彩的研究，访谈对象真诚的分享感动了研究者。能感动到你自己的研究，一定也能感动到其他人。

教育研究也可以是很直观的，通过研究者专业的视角与对海量访谈记录的梳理、提炼与选择，让外人能够看到看懂教育中的事情，也给历史一个真实展示的机会。他们的故事，他们的实践，他们的成就感，以至于他们的无奈与希望都是当下社会一种真实的存在。人是各种教育活动的载体，他们对教育的理解，对教育的实践，对教育的情怀，都是教育研究的应有之义。

（三）

与量化研究相比，质性研究需要研究者和研究对象之间有更多个性化的接触，对每一个访谈对象都要付出极大的心理关注，才能获得一个成功的访谈。成功访谈的标志不仅有访谈研究者和研究对象之间的当下交流的舒畅感，还有研究者在文字分析、语意感受阶段的喜悦感。喜欢质性研究，喜欢和一个个真实的人接触，喜欢听他们讲他们对职业教育的感受、理解和体验，听他们对职业教育的希望、不满与情怀。

有时候，我觉得这是一个相互激发和鼓励的过程。有时候，对于讲述者来讲，也是一个梳理反思的过程；对于倾听者是一个打开新天地的过程。有时候，职业教育的真理就在这些潜心教育教学一线的实践者心中，他们可能在不经意间，就讲出了一个真理，就给了关键问题的一个直接的解答。他们对职业教育中的一些基本问题的思考，都是深刻的。用心收集他们的智慧的点滴，而后奉献给同代人和后代人是研究者的一种幸运。

人是世间最神奇的存在，他们用心、用情在实践悟到的东西往往是最有效的答案。遇到一个用心教育的人时，你会被感动，你会有一种想把他们的故事告诉大家的冲动，尤其是他们在某一方面解决和回答了众人问题的探索时更是如此。教育是人的事业，是一个以心传心的过程。这些实践者的感受、体验与领悟是个性化的，同时也是真实的，有价值的。

每一个人都是世间匆匆过客，短短几十年留下什么是我们经常会思考的问题，由于工作的机缘，能认识和接触到这些优秀的同时代的人是一种幸运，把他们卓越的实践、深刻的思考、情怀记录下来是研究者的一种责任，也是个人的一种荣幸。

参考文献

[1] 陈向明. 质的研究方法与社会科学研究［M］. 北京：教育科学出版社，2000.

[2] 黄达人. 大学的声音［M］. 北京：商务印书馆，2012.

[3] 郑丹丹. 社会意识的行动逻辑：性别不平等的现象学社会学解释框架［J］. 浙江学刊，2006（5）.

[4] 陈向明. 王小刚为什么不上学了：一位辍学生的个案调查［J］. 教育研究与实验，1996（1）.